U0952304

杨万明　主编

柒

北京审判微阅读

刑事 行政 执行

人民法院出版社

图书在版编目（CIP）数据

北京审判微阅读. 七, 刑事、行政、执行 / 杨万明主编.
—北京：人民法院出版社，2017.12
ISBN 978-7-5109-1891-9

Ⅰ.①北… Ⅱ.①杨… Ⅲ.①刑事诉讼—审判—研究—北京 ②行政诉讼—审判—研究—北京 ③执行(法律)—审判—研究—北京 Ⅳ.①D927.105.04

中国版本图书馆CIP数据核字（2017）第220013号

北京审判微阅读（七）刑事、行政、执行

杨万明　主编

责任编辑　王　婷　**执行编辑**　高　晖　田　夏
出版发行　人民法院出版社
地　　址　北京市东城区东交民巷27号（100745）
电　　话　（010）67550617（责任编辑）　67550558（发行部查询）
65223677（读者服务部）
客 服 QQ　2092078039
网　　址　http://www.courtbook.com.cn
E－mail　courtpress@sohu.com
印　　刷　保定市中画美凯印刷有限公司
经　　销　新华书店

开　　本　850×1168毫米　1/32
字　　数　147千字
印　　张　9.625
版　　次　2017年12月第1版　2017年12月第1次印刷
书　　号　ISBN 978-7-5109-1891-9
定　　价　29.00元

版权所有　侵权必究

北京审判微阅读

编委会

主　任：杨万明

委　员：王明达　吉罗洪　高晓陵
安凤德　马　强　刘　毅

主　编：杨万明

副主编：马　强

编　辑：张农荣　刘书星　刘　辉
赵　彤　凌　巍　张瀮元
阚道祥

前 言

法不辩不明，理不辩不清。人民法院审理案件，公正与否，顺人心与否，均要摆事实、讲道理、明是非。也就是说，均要建立在对事实证据的严谨核实，对法律条文的正确解读，对人情事理的深刻理解上。法律毕竟是相对抽象、滞后的规范，在具体处理各类纷繁复杂的案件中，法官如何正确明法释义，是公正、公允审理案件的重中之重。而公正司法的核心，也体现在司法尺度的统一，即统一证据采纳标准、统一程序适用标准，统一庭审规程标准，统一案件裁判标准，如此，方能让人民群众在每一个司法案件中感受到公平正义。因此，一直以来，北京各级法院非常重视审判实践疑难问题的研究、研讨，积极探索运用各种方式，加强与实务界、法学界以及其他社会各界的沟通、交流，力求在司法理念、裁判标准上在法律框架内形成广泛的共识。开通“北京审判”微信公众号，正是北京法院运用信息化和自媒体技术，拓展交流渠道、深度服务社会的一项重要尝试。

2015年，北京市高级人民法院正式开通了“北京审判”微信公众号。“北京审判”微信公众号是北京市法院系统业务规范发布、审判实务研讨和审判理论研究的平台，公众号主要发布北京法院系统的审判业务文件、参阅案例、调研报告、各类疑难案例和审判实务研究文章。公众号的宗旨是：推动审判理论研究，加强审判业务交流，促进司法尺度统一。截至2017年12月，“北京审判”微信公众号共编选、发布审判业务文章近200篇。公众号发布的每一篇文章都来自于审判实践中的问题，都力求论证充分、观点正确，促进审判研究、指导审判实践。事实证明，“北京审判”微信公众号，不仅成为社会各界获知司法知识的重要窗口，公众号对审判实践疑难问题的深入研讨也促进了法官审判业务水平的提升，加深了人民群众对于法律的理解，更加有助于实现人民法院审判法律效果与社会效果的有机统一。微信平台的互动功能，也使得人民法院更加及时地感受人民群众对法院的新期待、新要求，进一步改进自身工作。

我们将微信公众号已刊载的文章分门别类，汇编为《北京审判微阅读》结集出版，期待与各界更加深入地开展审判疑难问题的研讨和交流，进而推动人民法院审判活动更加公正、规范、专业。

北京审判微阅读编委会

2017 年 12 月

目 录

案例研究

热点聚焦

规范性文件

案例研究

1.【参阅案例】当事人提起的排除妨碍民事诉讼，不构成城管部门拒绝履行、拖延或中止履行查处违法建设职责的正当理由

易××等六人诉北京市昌平区城市管理监察大队不履行法定职责案

北京法院参阅案例第6号

［2013年10月21日北京市高级人民法院审判委员会2013年第24次（总第338次）会议通过］

关键词 法定职责 中止履行 拖延履行 民事诉讼

参阅要点

查处违法建设属于城管部门法定职责的，当事人提起的排除妨碍民事诉讼，不构成城管部门拒绝履行、拖延或中止履行查处职责的正当理由。

相关法条

《中华人民共和国行政诉讼法》第五十四条第（三）项规定

当事人

原告：易 ×× 等六人。

被告：北京市昌平区城市管理监察大队。

基本案情

2008 年 6 月起，原告等人即向被告北京市昌平区城市管理监察大队（以下简称昌平城管大队）下属的北七家城管分队口头举报名佳花园三区商业街的违法建设问题，被告接到举报后即对本案审理的龘香楼涮肉馆涉嫌违法建设进行了立案。2008 年 6 月 5 日，被告进行了现场检查，同日对龘香楼涮肉馆业主沈 ×× 作出了《责令改正通知书》，责令沈 ×× 于 2008 年 6 月 16 日 16 时前改正其违法行为。同时，原告在北京市昌平区人民法院对沈 ×× 提起排除妨害的民事诉讼，经一、二审法院审理，2009 年 2 月，北京市第一中级人民法院终审判决沈 ×× 将其建在原房屋西侧的半透明房屋拆除，对沈 ×× 在原房屋北侧建设的房屋，民事判决对原告的请求未予支持。生效的民事判决书已执行完毕。其后，原告继续要求被告昌平城管大队履行职责，拆除龘香楼涮肉馆北侧的违法建设以及民事判决书执行完毕后龘香楼涮肉馆又在原房屋西侧新盖出的铁皮房屋。2010 年 7 月 6 日，被告昌平城管大队对鼐香楼涮肉馆再次进行了现场检查，并于同日作出《责令改正通知书》，责令沈 ×× 于 2010 年 7 月 20 日 8 时前改正其未经批准进行建设的违法行为。此后，被告未再作出新的处理。2011 年 7 月 15 日，六原告向北京市昌平区人民法院提起诉讼，要求被告履行法定职责。

被告答辩认为：自 2008 年 6 月起接到关于反映本案涉案违章建设的举报后，被告即依据执法程序开展执法工作。期间，由于原告等人举报的同时针对涉案房屋提起了民事诉讼，该诉讼由北京市昌平区人民法院受理并审理。基于此，被告暂时中止了执法程序，等待北京市昌平区人民法院对案件作出判决认定后再行处理。

审理结果

北京市昌平区人民法院于 2011 年 10 月 14 日作出（2011）昌行初字第 82 号行政判决，责令被告昌平城管大队于六十日内对鼐香楼涮肉馆涉嫌违法建设的问题作出处理决定。一审判决后，原、被告双方均未提起上诉，判决生效。

裁判理由

法院生效裁判认为：被告昌平城管大队具有查处

辖区内违法建设的法定职责。2008年6月被告接到原告举报后，即对彝香楼涮肉馆涉嫌违法建设的问题进行了立案调查，并作出了《责令改正通知书》，此后被告以涉案房屋存在民事诉讼为由中止了对案件的处理。但涉案房屋的民事诉讼是基于物权上的排除妨害，是平等民事主体之间的民事争议，无论是否存在民事诉讼，事实上都不影响被告对违法建设的查处，因为被告对违法建设的查处是基于公法上的法定职责，所以被告不能以原告已就违法建设提起民事诉讼为由中止行政执法。

解说

违法建设行为，既是一种违反城市规划管理秩序的违法行为，同时也是一种侵害相邻方合法权益的民事侵权行为。对于违法建设的相邻方而言，为了实现其物权行使的完整状态，其既可以通过举报的方式要求城市管理部门履行查处违法建设的法定职责，也可以通过提起排除妨害民事诉讼的形式来消除违法建设给其权利行使造成的障碍。

在涉及违法建设的案件中，尽管通过提起排除妨害民事诉讼与城管履行查处违法建设职责都可以达到使违法建设从物理上归于消灭的效果，但民事司法救济与行政履责法律属性不同，二者有着本质的区别，城管部门不能将民事诉讼救济作为拒绝履行或拖延履行职责的正当理由。排除妨害民事诉讼属于司法提供的维护相邻权人利益的救济方式，查处违法建设是公法赋予城市管理部门的法定职责，前者受《物权法》及《民事诉讼法》调整，后者受相关的公法规范调整；前者的直接目的是保障合法物权人权利的实现，后者的直接目的是维护城市规划管理秩序，对相关权利人的救济并不是其首要目的；是否启动民事诉讼程序，属于相关权利主体自由处分的范畴，但城市管理部门对于公法赋予其的法定职责没有选择执法的权利，更不能拒绝履行。行政履责程序与民事诉讼程序是两个独立的程序，二者并行不悖，民事诉讼不是行政程序中止的正当理由。

综上所述，查处违法建设作为城市管理部门的法定职责，无论当事人是否提起民事诉讼，城市管理部门都必须严格依法履行职责，不能将民事诉讼作为拖延履行职责的合理借口。本案中，昌平城管大队不能以当事人提起民事诉讼为由中止行政执法程序。

一审合议庭成员：安晓华、杨　帆、韩玉林

报送单位：北京市高级人民法院行政庭

北京市昌平区人民法院

编写人：北京市高级人民法院行政庭　刘井玉

北京市昌平区人民法院　安晓华、李　丽

2.【参阅案例】数额犯中，行为既遂部分与未遂部分并存且分别构成犯罪的量刑规则

王××合同诈骗案

北京法院参阅案例第11号

［2014年3月24日北京市高级人民法院审判委员会2014年第5次（总第350次）会议讨论通过］

关键词 合同诈骗 既遂 未遂 并存 减轻处罚

参阅要点

数额犯中，行为既遂部分与未遂部分并存且分别构成犯罪的，应当贯彻择一重处罚的原则，不能以犯罪总数额或者一概以既遂数额确定法定刑幅度；确定未遂部分对应的法定刑幅度时，应当先对未遂部分作出是否减轻处罚的评价，再与既遂部分对应的法定刑幅度进行比较，择一重确定全案的法定刑幅度。

相关法条

1.《中华人民共和国刑法》第二百二十四条

2.《最高人民法院、最高人民检察院关于办理诈

骗刑事案件具体应用法律若干问题的解释》第五条、第六条

当事人

被告人：王 ××。

基本案情

2012 年 7 月 29 日，被告人王 ×× 通过使用伪造的户口本、身份证，冒充房主王 ××（被告人王 ×× 之父）身份的方式，在本市石景山区链家房地产经纪有限公司古城公园店，以出售本区古城路 × 号楼 ×× 号房屋为由，与被害人徐 × 签订房屋买卖合同，约定购房款为人民币 100 万元，并当场收取徐 × 定金 1 万元。同年 8 月 12 日，王 ×× 又收取徐 × 支付的购房首付款 29 万元，并约定余款过户后给付。后双方在办理房屋过户手续时，王 ×× 虚假身份被石景山区住建委工作人员发现，余款未取得。2013 年 4 月 23 日，被告人王 ×× 被公安机关查获。次日，王 ×× 亲属将赃款退还被害人徐 ×，被害人徐 × 对被告人王 ×× 表示谅解。

公诉机关认为，被告人王 ×× 的行为触犯了《中华人民共和国刑法》第二百二十四条之规定，提请法院以合同诈骗罪追究其刑事责任。同时认为王 ××

部分犯罪金额因意志之外的原因未得逞，系犯罪未遂，可以比照既遂犯从轻或者减轻处罚。

审理结果

北京市石景山区人民法院于2013年8月23日作出（2013）石刑初字第239号刑事判决，认定被告人王××犯合同诈骗罪，判处有期徒刑六年，并处罚金人民币六千元。宣判后，北京市石景山区人民检察院提出抗诉。抗诉意见为：王××的犯罪数额应为100万元，属数额特别巨大，而原判未评价70万元未遂的事实，仅依据既遂30万元认定王××犯罪数额巨大，系适用法律错误。北京市人民检察院第一分院的支持抗诉意见与北京市石景山区人民检察院的抗诉意见一致。王××以原判量刑过重为由提出上诉。北京市第一中级人民法院审理过程中，王××申请撤回上诉。北京市第一中级人民法院于2013年12月2日作出（2013）一中刑终字第4134号刑事裁定：准许上诉人王××撤回上诉，维持原判。

裁判理由

法院生效裁判认为：上诉人王××以非法占有为目的，冒用他人名义签订合同，其行为已构成合同诈骗罪，且数额特别巨大，依法应予惩处。鉴于王

××合同诈骗中的大部分犯罪金额系未遂；到案后能够如实供述犯罪事实，且退赔全部赃款，取得了被害人的谅解，故可依法对其减轻处罚。一审法院根据王××犯罪的事实、犯罪的性质、情节及对于社会的危害程度所作出的判决，事实清楚，证据确实、充分，定性准确，审判程序合法，但认定王××犯罪数额巨大，确属不当，予以纠正。北京市石景山区人民检察院的抗诉意见及北京市人民检察院第一分院的支持抗诉意见，予以采纳。根据我国刑法关于诈骗犯罪处罚原则的有关规定，考虑王××合同诈骗既遂30万元、未遂70万元的数额对应的量刑幅度及可予减轻处罚等因素，原判对其量刑在法定幅度之内，且抗诉机关亦未对量刑提出异议，应予维持。王××撤回上诉的申请符合法律规定，予以准许。遂依法作出上述裁定。

解说

本案审理过程中，对于此案的事实控辩双方没有分歧。争议的焦点是，对于既遂未遂并存的情况，如何准确量刑。这里涉及两个具体的问题：第一个问题是，是根据犯罪总数额、还是根据既遂数额抑或是未遂数额确定法定刑幅度？具体到本案中，是根据诈骗总数额100万元确定法定刑幅度，还是根据既遂数额

30万元抑或是未遂数额70万元确定法定刑幅度。第二个问题是，在根据既遂部分与未遂部分择一重选择法定刑幅度时，对于未遂部分法定刑幅度的确定，是否先行对未遂部分进行减轻的评价。具体到本案中，就是在确定诈骗未遂的70万元对应的法定刑幅度时，是先进行减轻选择有期徒刑三年以上十年以下的法定刑幅度，还是先选择有期徒刑十年以上的法定刑幅度再考虑未遂情节。

一、既遂未遂并存且分别构罪的应当贯彻择一重的原则，不能以犯罪总数额或者一概以既遂数额确定法定刑幅度

在“两高”于2011年公布《关于办理诈骗刑事案件具体应用法律若干问题的解释》(以下简称《办理诈骗刑事案件解释》)之前，对于数额犯，实践中一直以既遂未遂的总数额作为犯罪数额确定全案的法定刑幅度，将未遂部分作为未遂情节对全案适用。但为了解决实践中存在的部分行为已经既遂且既遂部分已经达到定罪数额标准的情况下，因为存在未遂部分又认定整个犯罪存在未遂情节的理论困境，同时避免因

对全案运用部分行为未遂的未遂情节减轻处罚导致量刑畸轻的问题，《办理诈骗刑事案件解释》确定了不以总数额作为犯罪数额选择法定刑幅度，而以既遂部分和未遂部分分别对应的法定刑幅度择一重的处理原则。该解释第六条规定，“诈骗既有既遂，又有未遂，分别达到不同量刑幅度的，依照处罚较重的规定处罚；达到同一量刑幅度的，以诈骗罪既遂处罚”。

随后，“两高”陆续出台的有关办理知识产权刑事案件、盗窃刑事案件等司法解释重申了这一处理原则。据此，尽管“两高”没有明确办理合同诈骗案件是否贯彻这一原则，但按照在没有特殊规定的情况下，对于同类问题应当同样处理的惯例，对于处理其他既遂未遂并存的案件，在既遂数额、未遂数额均达到定罪标准的情况下，也应当贯彻这一处理原则。即，比较既遂数额、未遂数额所对应的法定刑幅度，在较重法定刑幅度内量刑。

本案中，被告人王××的合同诈骗犯罪行为既遂部分为 30 万元，根据司法解释及北京市的有关执行标准，对应的法定刑幅度为三年以上十年以下；未遂部分为 70 万元，在未考虑未遂情节的情况下，对应的法定刑幅度为十年以上有期徒刑、无期徒刑，比既遂部分对应的法定刑幅度重。一审法院仅仅以诈骗既遂的30万元对应的法定刑幅度作为量刑幅度，而未与诈骗未遂的70万元所对应的法定刑幅度相比较，确定全案应当适用的法定刑幅度，因此是不当的。同时，检察院所提王××的犯罪数额应为100万元的抗诉意见也是错误的。

二、对于未遂部分，先进行是否减轻的评价，确定未遂部分对应的法定刑幅度，再与既遂部分比较确定全案适用的法定刑幅度，并将未做评价的既遂数额或者未遂数额在量刑时予以考虑

在既遂未遂并存且未遂部分对应的法定刑幅度重于既遂部分对应的法定刑幅度的情况下，比较难处理的是如何确定未遂部分对应的法定刑幅度。尽管《办理诈骗刑事案件解释》规定了既遂未遂并存以分别对应的法定刑幅度择一重的处理原则，但并没有明确如何确定未遂部分对应的法定刑幅度，以及能否对未遂部分减轻、如何减轻等问题。对此，实践中存在不同看法。

第一种意见认为，直接根据未遂部分的犯罪数额确定对应的法定刑幅度，与既遂部分比较后确定对被告人量刑的法定刑幅度。如果未遂部分对应的法定刑幅度重，将既遂部分与未遂部分的未遂情节在量刑过程中综合予以评价；如果既遂部分对应的法定刑幅度重或者一样的，则将未遂部分及未遂情节作为在量刑过程中综合予以评价。这种方法实践中简单易行，便于操作。这种观点是将未遂部分的未遂情节作为包括既遂部分在内的整个犯罪的未遂情节对待，进而对整个犯罪从轻或者减轻处罚。但存在的问题是，根据犯罪形态的一般理论，由于部分行为已经既遂且构成犯罪的，整个犯罪就已经既遂，就不存在未遂的问题。而按照第一种观点，则在认为整个犯罪既遂的情况下，又因为存在未遂部分，故认为整个犯罪又存在未遂情节，从而陷入自相矛盾的境地；而如果不能对整个犯罪从轻或者减轻处罚的话，在既遂数额相对较小而未遂数额相对较大的情况下，往往因为不能减轻处罚而导致量刑的畸重。

另一种意见认为，未遂部分的未遂情节应当仅适用于未遂部分，不能适用于整个犯罪。应当根据未遂情节对未遂部分进行是否减轻的评价后，确定未遂部分对应的法定刑幅度，再与既遂部分进行比较。法院裁判采纳了这种意见，主要理由是：

1. 未遂部分对应的法定刑幅度重于既遂数额对应的法定刑幅度的，应当允许减轻处罚，否则在一些情形下将导致量刑的畸重。以诈骗罪为例，按照北京市高级人民法院执行司法解释的具体数额标准，诈骗 5000 元以上的，就应当定罪处罚，对应的法定刑幅度为第一刑档，即三年有期徒刑以下刑罚。而诈骗 50 万元以上的，对应的法定刑幅度为第三刑档，即十年有期徒刑以上刑罚或者无期徒刑。如果诈骗 50.5 万元，其中 5000 元既遂，50 万元未遂，则需要在诈骗 5000 元既遂和诈骗 50 万元未遂分别对应的法定刑幅度之间择一重。如果对诈骗 50 万元未遂部分，确定法定刑幅度之前不进行未遂情节的减轻与否的评价，则确定的法定刑幅度为第三刑档，与诈骗 5000 元既遂部分比较后，对被告人量刑的法定刑幅度则为第三刑档，即十年以上有期徒刑或者无期徒刑。由于整个犯罪已经既遂，对全部犯罪不能适用未遂情节，那么在对既遂部分及未遂部分的未遂情节综合评价后，即使从宽也只能在十年有期徒刑以上量刑。但根据《办理诈骗刑事案件解释》第五条的规定，“诈骗未遂，以数额巨大的财物为诈骗目标的，或者具有其他严重情节的，应当定罪处罚”。也就是说，对于全案认定未遂的，诈骗数额巨大，也应当在三年有期徒刑以下量刑。而诈骗50万元未遂与诈骗5000元既遂并存，如果在确定未遂部分对应的法定刑幅度时不能先进行减轻，那么就必须在有期徒刑十年以上量刑，会导致量刑畸重和案件之间的不平衡。

2. 对未遂部分在确定法定刑幅度之前进行是否减轻的评价，符合司法解释关于既遂未遂并存处理原则的精神。尽管《办理诈骗刑事案件解释》没有进一步明确如何确定未遂部分对应的法定刑幅度，能否根据未遂部分的未遂情节减轻确定法定刑幅度，但在确定未遂部分法定刑幅度之前进行是否减轻的评价，符合上述处理原则的精神。前述处理原则，实际上是对于既遂未遂并存且均构罪的情形，认为整个犯罪既遂。如果根据既遂部分与未遂部分相加后的总数额确定法定刑幅度，为了体现未遂部分的未遂情节，必然将未遂情节作为整个犯罪的量刑情节，也就是说，未遂部分的未遂情节除了评价未遂数额，还要评价既遂数额。而按照解释的处理原则，则避免了对既遂部分再进行未遂情节的评价。因此，解释的处理原则的内在要求是不能在对被告人量刑的法定刑幅度确定之后，还认为整个犯罪存在未遂情节，进而对整个犯罪再进行从轻或者减轻处罚。那么，为了避免未遂数额对应的法定刑幅度较重可能导致的量刑畸重情况的发生，在确定未遂部分的法定刑幅度时，应当就未遂情节进行是否减轻的评价，确定与未遂数额相对应的法定刑幅度。

三、未遂部分的未遂情节在量刑中的具体体现

即使未遂情节在选择法定刑幅度时得到了体现，由于并不是确定的宣告刑，还涉及未遂情节在确定宣告刑过程中的具体体现问题。按照量刑规范化的有关规定，准确量刑要求先确定量刑起点、然后是基准刑、最后是宣告刑。如果是根据未遂数额确定法定刑幅度，尽管未遂情节在确定法定刑幅度时已经进行了是否减轻的评价，但是，在未能减轻选择法定刑幅度的情况下，未遂情节并未得到实际体现，即使减轻选择了法定刑幅度，还需要进一步确定量刑起点和基准刑，未遂情节也应当在此环节进行充分评价。因此，在根据未遂部分的犯罪构成事实确定法定刑幅度进而确定量

3.【参阅案例】双重劳动关系不影响认定工伤

北京金网络物业管理有限公司诉北京市怀柔区人力资源和社会保障局不服工伤认定案

北京法院参阅案例第 12 号

［2014 年 3 月 24 日北京市高级人民法院审判委员会 2014 年第 5 次（总第 350 次）会议讨论通过］

关键词 双重劳动关系 工伤认定

参阅要点

劳动者与多家公司同时存在劳动关系，在其中一家公司工作期间受伤、符合工伤认定条件的，应当认定为工伤。“双重劳动关系”对是否应认定为工伤不产生影响。

相关法条

《工伤保险条例》第十四条第（一）项

当事人

原告：北京金网络物业管理有限公司。

被告：北京市怀柔区人力资源和社会保障局。

第三人：张××。

基本案情

张××与北京金网络物业管理有限公司（以下简称金网络公司）存在劳动关系，系该公司长远天地大厦物业管理处的电工。2009年12月23日，张××在长远天地项目B1座12B04号业主处维修灯具时从梯子上摔下，金网络公司将其送往医院救治后，诊断结果为外伤后腰都软组织挫伤，急性尿潴留。张××向北京市怀柔区人力资源和社会保障局（以下简称怀柔区人保局）申请了工伤认定。经调查核实，怀柔区人保局于2011年12月16日作出京怀人社工伤认（2270T0209171）号《工伤认定结论通知书》，认定张××于2009年12月23日发生了外伤后腰部软组织损伤，急性尿潴留的伤害，符合工伤认定范围，认定为工伤。

金网络公司对此不服，于2012年3月15日诉至北京市怀柔区人民法院，诉称，张××与金网络公司、靳中物业管理（中国）有限公司（以下简称新中物业公司）同时存在劳动关系，且新中物业一直为张××缴纳着社保金，金网络公司不应承担工伤责任，请求法院依法撤销该《工伤认定结论通知书》，并责令怀柔区人保局重新作出不是工伤的认定。

审理结果

北京市怀柔区人民法院于2012年6月1日作出（2012）怀行初字第12号行政判决：维持被告北京市怀柔区人力资源和社会保障局作出的京怀人社工伤认（2270T0209171）号《工伤认定结论通知书》。

宣判后，金网络公司不服一审判决，向北京市第二中级人民法院提起上诉。北京市第二中级人民法院于2012年8月20日作出（2012）二中行终字第568号行政判决：驳回上诉，维持一审判决。

裁判理由

法院生效裁判认为：劳动者存在双重劳动关系是否需要承担不利后果或者应当承担哪些不利后果，应当由劳动领域相关立法调整，目前国家没有禁止双重劳动关系的规定。只要用人单位与劳动者建立了劳动关系，在劳动期间受伤属于工伤认定范围的，就应当认定为工伤。根据本案查明的事实，现有证据可以证实张××于2009年12月23日所受伤害系在工作时间、工作地点，因工作原因所致，符合工伤认定范围，怀柔区人保局作出工伤认定符合相关法律规定。金网络公司的相关诉讼请求，没有相关法律依据，不予支持。

解说

本案争议的焦点在于：第三人张 ×× 与两家公司同时存在劳动关系，其中原告之外的另一家物业公司一直在为张 ×× 缴纳着工伤保险。这种情况是否会影响工伤认定结论以及原告金网络公司承担责任的方式。

一、存在双重劳动关系不免除用人单位提供工伤保险保险的义务

首先，双重劳动关系不导致劳动合同无效而免除用人单位提供工伤保险的义务。实践中，有观点认为，不应认定双重劳动关系，如果存在双重劳动关系，应只认定一重劳动关系。但是现实生活中，的确有诸多双重或多重事实劳动关系的存在，如果断然认定这些劳动关系无效，必然影响正常的用工秩序，同时，也不利于充分发挥劳动者的劳动潜质，阻碍其为社会提供更多的劳动，影响人力资源的效率。因此，在存在双重或多重劳动关系时，不能断然认定劳动合同无效，

从而免除用人单位提供工伤保险的义务。

其次。即便劳动者在双重劳动关系中存在过错，用人单位也仅享有一定的合同解除权，而不能免除其应承担为劳动者提供劳动保险的义务。《劳动合同法》第三十九条第（四）项规定："劳动者同时与其他用人单位建立劳动关系，对完成本单位的工作任务造成严重影响，或者经用人单位提出，拒不改正时。用人单位可以解除劳动合同且无需向劳动者支付补偿金。"可见，当劳动者在双重劳动关系中存在明显过错时，赋予了用人单位解除劳动合同的权利。但在劳动合同依法解除之前，用人单位与劳动者之间依然存在合法有效的劳动关系，不能免去用人单位所应承担的为劳动提供工伤保险的义务。而且，用人单位在行使合同解除权时，还应当完成相应的程序性事项，而并非出现符合法律规定的解除劳动合同条件时，劳动关系会当然、自动、即时、直接的解除。比如，用人单位应当履行最基本的通知、告知义务，并给予劳动者申辩、解释的机会，解除合同的效力才会到达劳动者。否则，劳动者在劳动关系正在解除却尚未解除完毕的过程中受到伤害，仍应认定为工伤。

二、多重劳动关系下，可以根据相关工作要素与所受伤害的契合度，判断承担工伤保险义务的用人单位

由于双重劳动关系的非单一性，在认定工伤的过程中，则需要把握不同劳动关系中工作时间、工作场所、工作原因这三个要素分别与劳动者所受具体伤害的契合度。本案中，张 ×× 同时与两家公司建立了劳动关系，这时，认定工伤则应更加侧重从工作时间、工作场所、工作原因角度考虑。现有证据可以证实张 ×× 于 2009 年 12 月 23 日所受伤害系在金网络公司的工作时间、工作地点，因该公司的工作原因所致，符合工伤认定范围，怀柔区人保局作出工伤认定符合相关法律规定。

三、存在双重劳动关系不会产生工伤保险衔接使用问题

本案中，金网络公司在张 ×× 工作期间内没有为其办理工伤及其他社会保险。张 ×× 同时任职的新中物业公司已为其办理了社会保险。那么，张 ×× 在完成金网络公司工作内容时受到的伤害，是否可以衔

接使用另一家公司为其办理的工伤保险呢？

我们认为，劳动者存在双重劳动关系时，不产生工伤保险衔接使用问题。为劳动者办理社会保险本身就是用人单位不可推卸的强制性义务，一旦违反，人力资源及社会保障部门有权予以查处惩戒。而且，工伤保险的本质仍是一种保险，即投保人依约付费以规避将来可能实现的风险。工伤保险的社会公益性、对象普适性及一方主体国家化等特质并不能改变其本质。也就是说，为员工办理工伤保险的用人单位是在同时保护劳动者以及自身的权益，而不是为其他用人单位作嫁衣。由于已认定张 ×× 是在金网络公司发生的工伤，工伤责任应当由该公司负担，自然也就不会启动其他用人单位为张 ×× 办理的工伤保险，不会产生工伤保险衔接使用问题。

一审合议庭成员：于站水、董爱军、郭建强

二审合议庭成员：崔晓畅、王小浒、霍振宇

报送单位：北京市高级人民法院行政审判庭　北京市怀柔区人民法院行政审判庭

编写人：北京市高级人民法院行政审判庭　刘井玉　北京市怀柔区人民法院行政审判庭　霍斯扬

4.【案例研讨】

非法采矿罪“情节特别严重”的认定

北京市第一中级人民法院　李春华

裁判要点

在非法采矿案件办理过程中，虽然刑法和相关司法解释没有明确规定非法采矿情节特别严重的情形，但通过对立法和司法解释的出台过程进行梳理和对案件情况进行具体分析，人民法院可以根据案件情况选择适用相应的法定刑幅度。

一、据以研究的案例

一审法院经开庭审理查明：2011年8月11日至2012年5月8日间，被告人谭×甲在其经营的北京某采石场的采矿许可证于2011年7月8日被注销的情况下，雇佣被告人王××负责采石场内日常工作，指挥工人进行非法开采石灰岩113670吨，造成矿产资源破坏价值人民币2803350元。被告人谭×乙明知谭

× 甲无证开采，仍承担运输销售工作，并为该厂继续生产而办理用电过户手续等工作。

一审法院认为，被告单位北京某采石场及直接负责的主管人员被告人谭 × 甲、王 × ×，直接责任人员谭 × 乙在未取得采矿许可证的情况下，擅自采矿，情节特别严重，其行为均已构成非法采矿罪，应依法惩处。一审法院据此判决：一、被告单位北京某采石场犯非法采矿罪，判处罚金人民币十万元。二、被告人谭 × 甲犯非法采矿罪，判处有期徒刑三年六个月，罚金人民币四千元。三、被告人王 × × 犯非法采矿罪，判处有期徒刑三年，罚金人民币三千元。四、被告人谭 × 乙犯非法采矿罪，判处有期徒刑一年六个月，缓刑二年，罚金人民币二千元。宣判后，在法定期限内，被告人谭 × 甲、王 × × 不服，提出上诉。

二审法院认为：对于被告人谭 × 甲及其辩护人所提刑法没有明确规定非法采矿情节特别严重的情形，本案不应适用“情节特别严重”的条款的上诉理由及辩护意见，经查，根据《最高人民法院关于审理非法采矿、破坏性采矿刑事案件具体应用法律若干问题的解释》第三条之规定，非法采矿造成矿产资源破坏的价值，数额在３０万元以上的，即属于“造成矿产资源严重破坏”的情形，本案当中非法开采的石灰岩数量为11万余吨，造成矿产资源破坏价值280万余元，因此属于非法采矿情节特别严重。被告单位北京某采石场及直接负责的主管人员被告人谭×甲、王××，直接责任人员被告人谭×乙在未取得采矿许可证的情况下，擅自采矿，情节特别严重，其行为均已构成非法采矿罪，依法应予惩处。谭×甲案发后自动投案，到案后如实供述了自己的罪行，系自首，依法对其从轻处罚。谭×乙在犯罪过程中所起作用较小，系从犯，依法对其减轻处罚并适用缓刑。原审人民法院根据上诉人谭×甲、王××及原审被告单位北京某采石场、原审被告人谭×乙犯罪的事实，犯罪的性质、情节及对于社会的危害程度所作出的判决，定罪、适用法律正确，量刑适当，审判程序合法，应予维持。二审法院据此裁定：驳回上诉人谭×甲、王××的上诉，维持原判。

二、相关法律问题分析

在二审审理期间，上诉人谭×甲及其辩护人提出了刑法没有明确规定非法采矿情节特别严重的情形，本案不应适用“情节特别严重”的条款的上诉理由及辩护意见。该意见从表面来看似乎是成立的，因为《刑法》第三百四十三条第一款对于非法采矿罪只原则性的规定了“情节严重”的三年以下和“情节特别严重”的三年以上七年以下这两个法定刑幅度，亦没有相关司法解释对两个法定刑幅度如何适用作出明确的规定。但通过对立法和司法解释的出台过程进行梳理、对案件情况进行具体分析可以发现，该意见并不能够成立。

首先，从历史沿革的角度看，造成这一问题的直接原因是司法解释没有随着立法的调整而及时调整。1997年10月1日起施行的《中华人民共和国刑法》第三百四十三条规定：“违反矿产资源法的规定，未取得采矿许可证擅自采矿的，擅自进入国家规划矿区、对国民经济具有重要价值的矿区和他人矿区范围采矿的，擅自开采国家规定实行保护性开采的特定矿种，经责令停止开采后拒不停止开采，造成矿产资源破坏的，处三年以下有期徒刑、拘役或者管制，并处或者单处罚金；造成矿产资源严重破坏的，处三年以上七年以下有期徒刑，并处罚金。”后来，最高人民法院于2003年5月29日公布了《关于审理非法采矿、破坏性采矿刑事案件具体应用法律若干问题的解释》(以下简称《解释》),其中第三条规定,非法采矿造成矿产资源破坏的价值,数额在3 0万元以上的,即属于“造成矿产资源严重破坏”的情形。再后来,《中华人民共和国刑法修正案(八)》(以下简称《刑法修正案八》)于2011年2月25日出台,根据其中的第四十七条,删除了非法采矿原条文中“经责令停止开采后拒不停止开采”的规定,并按照情节严重的程度设置了“情节严重”和“情节特别严重”两个档次的法定刑幅度。然而,自此之后有关部门便再也没有出台相关的司法解释,亦未再次明确《解释》的地位和效力问题。司法解释没有随着立法的调整而及时调整,所以才导致了本案当事人及其辩护人所提出的问题。此时,虽然刑法条文与《解释》的用语不同,但均指向两个相同的法定刑幅度,因此,《解释》所提出的划分标准仍然是区分情节严重程度的重要参照标准。

其次,从非法采矿罪修改的立法意图看,《刑法修正案八》将“造成矿产资源破坏”和“造成矿产资源严重破坏”分别改为“情节严重”和“情节特别严重”,是为了“取消入罪的硬性规定,赋予了司法机关更大的自由裁量权,这也充分反映了加大惩治力度、保护矿产资源安全的价值取向”。[1]可见，刑法修改的目的是为了更加有效的打击犯罪，便于司法实践适用三到七年法定刑幅度，而不是取消对该档法定刑幅度的适用。

第三，从本案被告单位及被告人行为的社会危害性角度看，“对‘情节严重’、‘情节特别严重’的判断并非十分困难，首先应当确定的是‘情节’的内容，其次根据一般人的价值观判断是否‘严重’或‘特别严重’”。[2]本案当中被告单位及三被告人非法开采的石灰岩数量为11万余吨，造成矿产资源破坏价值达到280万余元，其社会危害程度已经特别巨大，无论从生活常识还是从法律常识判断，该行为足以被评价为“情节特别严重”。

第四，从人民法院自由裁量权行使的角度看，在法律和司法解释没有明确规定的情况下，合议庭法官可以根据案件具体情况适用法定刑幅度。人民法院审理案件要求即时性，不能总是依赖司法解释的出台。

[1] 张军 主编：《〈刑法修正案（八）〉条文及配套司法解释理解与适用》，人民法院出版社2011年版，第326页。

[2] 张明楷：《刑法分则的解释原理》，中国人民大学出版社2004年版，第243页。

在相关的司法解释没有出台之前，不能因为没有明确的标准便无法适用较重的法定刑幅度，只能适用较轻的法定刑幅度。既然法律已经作出了原则性规定，那么人民法院完全可以根据案件情况能动性的选择适用相应的法定刑幅度，这不仅并不违反罪刑法定原则，反而是正当的行使自由裁量权的行为。

综上，一审判决、二审裁定均认为本案属于非法采矿“情节特别严重”的情形，是正确的。当然，笔者建议有关部门尽快调整司法解释的用语，以达到和法律规定用语的相互统一，避免类似问题的出现，为人民法院审理非法采矿案件、保护矿产资源环境提供有力的法律保障。

5.【案例研讨】

盗窃网络虚拟财产不认定为盗窃罪——杨××非法获取计算机信息系统数据案

北京市朝阳区人民法院 臧德胜 付想兵

裁判要旨

网络虚拟财产并不具有我国刑法意义上“财物”的一般法律属性。当前我国刑法及相关司法解释并未将网络虚拟财产纳入盗窃罪中“财物”范畴，根据罪刑法定原则，盗窃网络虚拟财产的不能认定为盗窃罪，国外刑法也鲜有将盗窃网络虚拟财产认定为盗窃罪的规定。若将网络虚拟财产认定为盗窃罪，将给司法实践带来难以解决的价值认定问题，造成执法不统一。现阶段，行为人盗窃网络虚拟财产，依照触犯计算机犯罪相关罪名处理较为适宜。

一、基本案情及审理结果

被告人杨 ×× 于 2013 年 6 月至 10 月间，在北京市朝阳区南湖东园一区 102 号楼 2609 室，利用北京新娱兄弟网络科技有限公司（以下简称：新娱公司）的 51wan 游戏充值平台漏洞，自主编写充值平台接口程序，多次生成虚假支付反馈信息，获取新娱公司运营的《神仙道》游戏虚拟货币“元宝”110 余万个，致使新娱公司向该游戏的联合运营公司结算“充值收益分成”共计人民币 33984 元。被告人杨 ×× 后于 2014 年 4 月 25 日抓获归案。案发后，被告人杨 ×× 的亲属代为退赔了新娱公司的上述结算损失，取得了新娱公司的谅解。

北京市朝阳区人民法院经审理认为：被告人杨 ×× 法制观念淡薄，非法侵入计算机信息系统，获取相关信息系统数据，情节严重，其行为触犯了刑法，已构成非法获取计算机信息系统数据罪，依法应予惩处。北京市朝阳区人民检察院指控被告人杨 ×× 的犯罪事实清楚，证据确实、充分。关于指控罪名，该院认为，杨 ×× 的犯罪对象为“游戏虚拟财产”，该对象缺乏现实财物的一般属性，不符合公众认知的一般意义上的公私财物，而“游戏虚拟财产”的法律属性实为计算机信息系统数据，杨 ×× 通过侵入计算机信息系统而获取“游戏虚拟财产”，实质上属于非法获取计算机信息系统数据行为，因此，公诉机关指控罪名有误，予以纠正。鉴于被告人杨 ×× 能够如实供述犯罪事实，当庭认罪态度较好，其亲属已代为退赔被害公司的经济损失，取得了被害公司的谅解，故该院依照《中华人民共和国刑法》第二百八十五条第二款、第六十七条第三款、第六十一条、第五十二条、第五十三条之规定，以非法获取计算机信息系统数据罪判决被告人杨 ×× 有期徒刑八个月，罚金人民币二千元。本案一审判决后，被告人未上诉，公诉机关未抗诉，一审判决已生效。

二、评析意见

该案核心问题在于盗窃网络虚拟财产的行为如何定性以及涉案金额如何确定？

本案中，被告人杨 ×× 通过技术手段窃取了被害单位游戏虚拟货币“元宝”110 余万个，按照被害单位对外交易的价格计算折合人民币 11 万余元。公诉机关据此认定其构成盗窃罪，且数额巨大，依法应当判处三年以上十年以下有期徒刑。法院认为，涉案的虚拟游戏币不能成为盗窃罪的犯罪对象，被告人的行为实属计算机犯罪，构成非法获取计算机信息系统数据罪，且给被害单位造成的损失不应以其售价计算，而是应以其实际损失，即向联合运营单位（游戏开发公司）结算的提成数额3万余元认定。理由如下：

（一）网络虚拟财产不具有我国刑法盗窃罪中“财物”的法律属性

关于《刑法》第二百六十四条盗窃罪中“财物”的范围，一般认为，不仅包括固体物、液体物与气体物等占据一定空间而存在的有形财物，还包括电力、存款等可以支配管理的无形财物。不论是有体物还是无形物，都存在共同的特征，即一般社会公众均认同其具有价值，且价值能够被客观衡量，能够在人们的现实生活中发挥作用。正式基于这一特点，其才容易成为犯罪侵犯的对象，所以需要从法律层面加大保护的力度。

关于网络虚拟财产的含义，2009年6月4日施行的《文化部、商务部关于加强网络游戏虚拟货币管理工作通知》对网络游戏虚拟货币作出了界定：由网络游戏运营企业发行，游戏用户使用法定货币按一定比例直接或间接购买，存在于游戏程序之外，以电磁记录方式存储于网络游戏运营企业提供的服务器内，并以特定数字单位表现的一种虚拟兑换工具。网络游戏虚拟货币用于兑换发行企业所提供的指定范围、指定时间内的网络游戏服务，表现为网络游戏的预付充值卡、预付金额或点数等形式，但不包括游戏活动中获得的游戏道具。

从物质形态来看，网络虚拟财产是一种以特定数字化形态存在于网络虚拟空间的可以移转的电磁记录，是信息化的产物。网络虚拟财产有以下几个明显特征：价值单一性，特定的网络虚拟财产只能存在于特定服务器运行的游戏中，不能置于其他游戏中，脱离特定的游戏即无任何价值；价值虚拟性，没有实体物，其经济价值是否存在依托于玩家主观上是否认定其具有使用价值及实际是否能在同一游戏的不同玩家之间实现交易；价值差异性，对不同玩家而言其价值大小不一，对非玩家而言并无价值。

网络虚拟财产的上述特征，决定了其与公众认知的一般意义上的公私财物有明显的区别。其遭受犯罪侵犯的可能性及施以法律保护的必要性均较小。从本质上看，网络虚拟财产的法律属性实则为计算机信息系统数据，一种虚拟的兑换工具，与盗窃罪中“财物”现实性、可见性截然不同，不能成为盗窃罪的犯罪对象。

（二）将网络虚拟财产认定为“公私财物”有违罪刑法定原则

根据罪刑法定原则，只有法律规定为犯罪的行为才能定罪处罚。针对犯罪对象的认定，也应当遵循罪刑法定原则，不能任意扩大犯罪对象的范围。在按照一般的公众认知网络虚拟财产不属于“公私财物”范围的情况下，如果没有相应的明确规定，从司法层面不能作出扩大的解释。目前来说，我国《刑法》及关于盗窃罪的司法解释均对“公私财物”作出明确规定，但并未将网络虚拟财产解释为盗窃罪的对象。在司法实践中，曾有将盗窃网络虚拟财产行为认定为盗窃罪与侵犯通信自由罪的判例，但随着研究的深入以及网络犯罪形势的变化，对这种判决的合理性应当重新审视。在2013年盗窃罪司法解释制定过程中，曾有将网络虚拟财产纳入盗窃罪犯罪对象的意见，但最高人民法院并未采纳，认为将网络虚拟财产解释为盗窃罪的犯罪对象的“公私财物”，超出了司法解释的权限，是不当扩大解释。最高人民法院的这一观点，也就排出了盗窃网络虚拟财产行为构成盗窃罪的可能性。

再者，从网络虚拟财产的界定和属性可以看出，网络虚拟财产的实质法律属性是电磁记录，即电子数据。对此，我国刑法并未出现保护盲区。针对刑法条文保护的计算机信息系统范围有限的问题，《中华人民共和国刑法修正案（七）》进一步严密了法网，增加规定“违反国家规定，侵入前款规定（二百八十五条）以外的计算机信息系统或者采用其他技术手段，获取该计算机信息系统中存储、处理或者传输的数据，或者对该计算机信息系统实施非法控制，情节严重的，处三年以下有期徒刑或者拘役，并处或者单处罚金；情节特别严重的，处三年以上七年以下有期徒刑，并处罚金。”这一规定，在过去仅对侵入国家事务、国防建设、尖端科学技术领域的计算机信息系统做了规定的基础上，扩展了刑法保护范围，使得前述范围之外的计算机信息系统均能得到刑法的保护。盗窃网络虚拟财产的行为，完全符合《刑法》第二百八十五条规定的非法获取计算机信息系统数据罪的犯罪构成，适用该罪名足以客观、全面评价该行为的性质。

从刑法的保护功能角度看，将盗窃网络虚拟财产的行为按照计算机犯罪处理比按照盗窃罪处理更为适当。从网络的特点及司法实践角度看，网络虚拟财产主要表现为网络游戏币。网络游戏在给人们带来娱乐体验的同时，也具有较强的成瘾性，尤其是对于心智不成熟的青少年而言。对网络游戏币需要加以刑法保护，但这种保护又不宜过度，否则违背了刑法的谦抑性原则。在按照计算机犯罪处理足以达到保护目的的情况下，没有必要也没有理由对此行为按照盗窃犯罪处理。据此，盗窃网络虚拟财产的不能认定为盗窃罪，而应认定为非法获取计算机信息系统数据罪。

另，从域外刑事立法和司法实践来看，盗窃网络虚拟财产不以侵犯财产犯罪中的财产盗窃罪论处是通行做法。意大利刑法理论界和司法实践均不承认盗窃虚拟财产的行为构成《意大利刑法典》规定的盗窃罪，其遵循体例解释的原则，禁止对“财产”进行扩张解释包含信息数据。对侵犯网络虚拟财产的行为，《意大利刑法典》在传统犯罪后设立了分条。虽然日本刑事司法实务中存在对骗取虚拟财产的行为认定使用电子计算机诈骗罪的判例，但其是通过在传统的诈骗罪后规定了“使用电子计算机诈骗罪”这一特殊罪名，日本刑法的通说也认为虚拟财物不属于《日本刑法典》规定的盗窃罪的犯罪对象。我国台湾地区“刑事法典”在2003年修正时删除了1997年将电磁记录设为动产的规定，对窃取电磁记录的行为规定适用专门的获取计算机信息系统数据等计算机犯罪来处理。

（三）将网络虚拟财产界定为“公私财物”将为司法实践带来数额认定上的难题

无形财物的价值认定是司法实践的一个难题。关于网络虚拟财产价值如何认定理论界和司法实务界尚没有统一的、能够被普遍认可的计算标准。首先，目前司法解释并未规定网络虚拟财产的价值如何认定，司法实践中缺乏明确的认定依据，法院如何认定其价值都会存在争议；其次，在客观意义上而言，网络虚拟财产本身并没有价值，其价值大小只能于玩家交易时商定，难以从一个客观的角度加以认定；再次，网络虚拟财产的价值只能存在于特定的服务器与特定的玩家中，脱离了特定的服务器并失去了所谓的价值，对不同玩家其价值存在不同，难以有统一的计算标准；最后，如按照服务器运行商因盗窃行为支付的修复费用或者预期收益作为价值认定的依据并不能做到客观。

《最高人民法院公报》2006 年第 11 期《孟动、何立康盗窃案》中曾明确：按照虚拟财产在现实生活中对应的实际财产遭受损失的数额确定盗窃数额。虚拟财产在现实生活中对应的财产数额，可以通过该虚拟财产在现实生活中的实际交易价格来确定。如前所述，该虚拟财产在现实生活中的实际交易价格由玩家之间商定，并没有客观的计算标准。另，如本案，被告人窃取虚拟财产后并未有后续的交易行为，对窃取网络虚拟财产后供自己使用的如何进行价值认定仍然是个难题。而且，由于网络虚拟财产具有取之不竭的特性，实践中窃取网络游戏币往往数额特别巨大，对象的交易价格虚高，如果按照这样的价格认定盗窃罪，将造成明显的罚过其罪，判决结果难以为社会接受。

因此，将窃取网络虚拟财产的行为界定为盗窃罪将会对数额的认定带来一系列问题，在目前尚没有统一、客观的数额计算方法而又可以以非法获取计算机信息系统数据罪认定的情况下，不宜将网络虚拟财产解释为盗窃罪中的“财物”。

在确定了本案以非法获取计算机信息系统数据罪定性之后，就面临如何认定被害单位的经济损失问题。

根据《最高人民法院、最高人民检察院关于办理危害计算机信息系统安全刑事案件应用法律若干问题的解释》规定，犯非法获取计算机信息系统数据罪，“违法所得五千元以上或者造成经济损失一万元以上的”属于“情节严重”，构成犯罪；达到此标准五倍以上的，属于“情节特别严重”，判处三年以上七年以下有期徒刑。本案中，被告人没有违法所得，只能根据其给被害单位造成的经济损失来确定量刑幅度。被告人窃取被害单位游戏币“元宝”110余万个，按照被害单位对外售价应为11万余元。但是，由于游戏币自身的特点，被告人的窃取行为不影响被害单位向他人出售游戏币，也就是说不会因为被告人的窃取行为使被害单位向他人销售的游戏币的数量减少。被告人事实窃取行为并未现实地给被害单位造成11万余元的损失。这也是虚拟财产与现实财产的区别。现实财产具有有限性，总量有限，行为人窃取之后，他人的占有量就相应减少。而虚拟财产具有无限性，不因行为人窃取而使他人占有量减少。所以不能以11万余元这一可期待利益作为认定损失数额的依据。本案中，被害单位新娱公司与该游戏的开发公司联合运营，需要根据其销售游戏币的数额向对方支付“充值收益分成”，根据被告人的盗窃数量，共计支付了人民币3万余元，这一数额恰恰是被害单位遭受的现实的经济损失。故人民法院将此数额作为确定被告人杨××所犯罪行量刑幅度的依据。

6.【案例研讨】

注册商标标识“件”的认定

北京市朝阳区人民法院　魏颖

裁判要旨：

销售非法制造的注册商标标识罪的认定中，如果一件商品上所用的前标、背标和盖标各自均有一份完整商标图样的标识，应当以每种完整商标图样的实际总数量认定“件”数，而不能以前标、背标和盖标运用到一件商品上，而将一套商标认定为一件商标。

一、基本案情及审理结果

被告人雷×于2013年6月19日14时许，在北京市朝阳区十八里店乡年庄村舞夜狂欢KTV歌厅门前，以人民币3000元的价格向他人销售伪造的牛栏山、红星注册商标标识时被当场查获，公安机关起获牛栏山白酒商标5万张、红星白酒商标120张、红星白酒背标120张、红星白酒瓶盖122个、红星白酒包装箱10个。经鉴定，上述标识共计50252件，均系非法制造的注册商标标识。

公诉机关认为，被告人雷×的行为已构成销售非法制造的注册商标标识罪，提请法院依照我国《刑法》第二百一十五条的规定对被告人雷×定罪处罚。

被告人雷×在庭审中对公诉机关指控的事实和罪名不持异议。被告人雷×的辩护人认为：因商标、背标和瓶盖运用于一件商品之上，故应将被告人销售的红星白酒商标、红星白酒背标和红星白酒瓶盖认定为一件完整标识，进而计算销售总数量。

一审法院经审理认为，被告人雷×为牟取私利，销售非法制造的注册商标标识，且属情节特别严重，其行为触犯了刑法，已构成销售非法制造的注册商标标识罪，依法应予惩处。公诉机关指控被告人雷×犯销售非法制造的注册商标标识罪的事实清楚，证据确实、充分，指控的罪名成立。关于被告人销售非法制造的注册商标标识数量，因涉案红星白酒背标上没有完整的商标图样，故认定被告人销售非法制造的注册商标标识的数量为50252件。鉴于被告人雷×系犯罪未遂，能够如实供述所犯罪行且在庭审中自愿认罪，对其依法予以减轻处罚。对辩护人所提因商标、背标和瓶盖运用于一件商品之上，故应将被告人销售的红星白酒商标、红星白酒背标和红星白酒瓶盖认定为一件完整标识，进而计算销售总数量的意见，经查，相关司法解释中规定“件”为标有完整商标图样的一份标识，本案红星白酒商标和红星白酒瓶盖中均单独印有完整的注册商标图样，故应以单件标识计算数量。

综上，以被告人雷×犯销售非法制造的注册商标标识罪，判处有期徒刑10个月，罚金人民币5000元。

一审宣判后，被告人雷×未上诉，公诉机关未抗诉。

二、评析意见

本案中起获的红星白酒背标上没有完整的商标图样，因此在认定数量时不能计入注册商标标识的总“件”数。在商标、印有商标标识的瓶盖等物品一并被起获的情况下，辩护人认为因商标、背标和瓶盖运用于一件商品之上，故应将被告人销售的红星白酒商标、红星白酒背标和红星白酒瓶盖认定为一件完整标识，进而计算销售总数量。我们认为计算“件”数时应以标有完整商标图样标识的实际数量为计算依据。

（一）一个红星白酒背标不能认定为一件注册商标标识

商标是商品的生产者或经营者在其生产、制造、加工、拣选或者经销的商品上或服务的提供者在其提供的服务上采用的，用于区别商品或服务来源的具有显著特征的标识。注册商标是经过有关部门核准注册的商标，该类商标的申请人享有商标的专用权并受到法律的保护。这种标识的显著性能使商品的生产者或经营者将其商品或服务以一种直观的方式呈现于消费者，也使消费者在消费时能够用简单直接的方法识别出自己钟爱的产品或服务。当前，一些看中了注册商标重要价值的不法分子违反商标管理法规，从事非法制造或是销售非法制造的注册商标标识之行为，这些行为扰乱了国家对商标的管理，侵犯了他人注册商标的专用权，同时如果上述标识流入社会被制假售假分子所用会极大损害消费者的权益，因此是当下打击侵犯知识产权犯罪的重点。

我国《刑法》第二百一十五条对销售非法制造的注册商标标识按照情节严重和情节特别严重分两个量

刑幅度，但是就具体何种情况属于情节严重和情节特别严重没有做详细的规定。对此《最高人民法院、最高人民检察院关于办理侵犯知识产权刑事案件具体应用法律若干问题的解释》(以下简称《解释》）第三条中除了非法经营数额、违法所得数额外，还有一个数量规定，该数量的单位规定为“件”。《解释》第十二条中对“件”进行了具体描述，即指标有完整商标图样的一份标识。

本案中，公安机关从被告人雷 × 处起获的红星白酒背标上面没有红星商标的完整商标图样，虽然红星公司针对从被告人处起获的包括红星白酒背标在内的物品作出了均系非法制造的注册商标标识的结论，但公司出具该结论的本意应当是着重阐明制造的非法性，故在认定红星白酒背标是否该计入被告人雷 × 销售非法制造的注册商标总数时，应当遵照《解释》的规定，着重审查背标是否具有完整的商标图样。红星商标作为酒类知名商标，其商标图样较为醒目和鲜明，而从被告人处起获的红星白酒背标上面没有任何红星商标的图样，完整性更无从谈起，故在认定被告人销售非法制造的注册商标标识数量时，红星白酒背标不应当计入在内。

（二）“件”数不能以整体性为认定依据

司法实践中，有一种观点认为应从“整体”出发，认定注册商标标识的数量。以酒类商品为例，虽然一瓶酒含中有注册商标标识的有商标、背标、瓶盖、纸盒多处，但这些商标标识均作用于一瓶酒之上，故应当整体性的认定为一瓶为一件。持这种观点的人的认定理由是“禁止对同一犯罪构成要件事实予以二次或者二次以上法律评价”的避免重复评价原则。因为酒瓶包装上若干个非法制造的注册商标标识，共同的作用就是代表了一瓶酒而非数瓶酒，如果不考虑标识的代表作用而单独考虑注册商标标识的数量，对被告人来讲就会造成罪刑不相适应的后果。本案中辩护人借用这种理论，认为因商标、背标和瓶盖运用于一件商品之上，故应将被告人销售的红星白酒商标、红星白酒背标和红星白酒瓶盖认定为一件完整标识，进而计算销售总数量。

笔者认为，整体性的评价原则表面上有一定的科学性，但实际存在如下缺陷：

第一，整体性评价有违司法解释本意。《解释》第十二条中对“件”之所以在“完整商标图样”后明确写明为“一份标识”，说明制定者在进行解释时已经预想到了可能存在的整体性理解。“非法经营数额”“违法所得数额”和“件”数是三种评定犯罪情节的指标，对销售非法制造的注册商标标识的人来说，我们在此处讨论“件”数的原因之一是他们尚未销售成功，无法用“非法经营数额”或“违法所得数额”进行评定，而该两种数额认定的方法是累计计算，即如果商标、背标、瓶盖、纸盒均有违法，只会累计总额，而不会折合成多少瓶再做计算。

第二，整体性评价会造成对量刑不公。如果甲乙两个被告人销售了均销售了两种共5万件非法制造的注册商标标识，甲的标识用于5万瓶酒，乙的标识因涉及瓶盖、背标、盒子等多个部分，折合下来只用于1万瓶酒，那么根据《解释》，甲要被判处3年至7年有期徒刑，而乙被判处的刑罚不会重于3年有期徒刑，这就使该评价原则的弊端暴露无遗。

（三）应当以实际数量认定销售非法制造的注册商标标识件数

对一个酒瓶上所用的商标、背标和瓶盖各自均有一份完整商标图样的标识，应当以完整商标图样的实际总数量认定“件”数。本案辩护人所提因商标、背标和瓶盖运用于一件商品之上，应将被告人销售的红星白酒商标、红星白酒背标和红星白酒瓶盖认定为一件完整标识，进而计算销售总数量的意见，是辩护人对被告人未完成的销售行为的一种推定。实际上被告人持有上述含有非法制造的注册商标标识的物品待售，而各种物品具有使用的相对独立性，被告人将不同物品卖给不同人或卖给同一人，但该人不用于同一商品之上的可能性是完全存在的。因此以商标图样的实际数量认定，能够做到对同一被告人的行为罚当其罪，也能兼顾对不同被告人类似行为之间的量刑平衡。

综上，以标有完整商标图样的标识实际数量认定销售非法制造的注册商标标识件数，能够避免整体性认定原则导致的量刑不公后果，契合司法解释的本意，同时能够对被告人犯罪行为造成的社会危害性作出客观的评判，有利打击该类犯罪，杜绝侵犯知识产权类衍生犯罪的发生。

7.【案例研讨】

被执行人是否已履行债务的争议可以通过执行异议程序处理——异议人（被执行人）黄×与申请执行人常×执行异议案

北京市海淀区人民法院　杨海超

裁判要点

债务是否履行或部分履行的问题可以由执行审查部门通过执行异议的方式来处理。被执行人必须依据法律文书生效之后，即既判力基准时之后的事实来提出排除执行的异议，否则不能在执行异议程序中进行处理。

一、基本案情及审查结果

异议人（被执行人）：黄×。

申请执行人：常×。

原告王×、原告常×与被告黄×房屋租赁合同纠纷一案，案件在审理过程中经海淀区法院主持调解，双方当事人自愿达成如下协议：一、解除王 ×、常 × 与黄 × 签订的公寓租赁合同；二、黄 × 于本调解书生效后两日内将北京市海淀区六郎庄园子里双成学生公寓三栋两层楼及院内南房 72 间腾空，交还给王 ×、常 ×；三、黄 × 于本调解书生效后两日内给付王 × 房屋租金 137081 元，给付常 × 房屋租金 183743 元；四、如到期之前未能给付上述款项，除给付房屋租金外，黄 × 支付常 × 违约金 36748.6 元，支付王 × 违约金 27416.2。上述协议，符合有关法律规定，海淀区法院予以确认，于 2010 年 9 月 13 日作出了（2010）海民初字第 21039 号民事调解书。

（2010）海民初字第 21039 号民事调解书生效后，常 × 向海淀区法院申请执行，要求黄 × 支付 244491.6 元（租金 183743 元、违约金 36748.6 元、逾期付款利息 24000 元），海淀区法院予以立案，案号为（2012）海民执字第 6310 号。王 × 也向海淀区法院申请执行，要求黄 × 支付 164497.2 元（租金 137081 元、违约金 27416.2 元），海淀区法院予以立案，案号为（2012）海民执字第 6526 号。

（2012）海民执字第 6310 号及（2012）海民执字

第6526号案件执行过程中，海淀区法院查实，北京市海淀区海淀镇六郎庄村村民委员会应补偿黄×拆迁款40万元整。海淀区法院于2012年6月12日作出（2012）海民执字第6526、6310号执行裁定书，强制扣划了黄×应得的拆迁款40万元。

法院扣划被执行人黄×的拆迁款后，黄×对法院执行行为提出书面异议。黄×述称，根据调解书，黄×应向常×支付房屋租金183743元及违约金36748.6元。常×向法院申请强制执行后，法院扣划了黄×应得的拆迁款。而黄×曾先后7次向常×支付206269元，法院执行时应将这206269元从执行款中扣除，故黄×根据《中华人民共和国民事诉讼法》（以下简称《民事诉讼法》）第二百二十五条的规定提出异议。

审查中，黄×称其7次向常×付款的情况分别是：2008年4月16日以现金方式支付2万元，常×出具收据；2008年9月1日以现金方式支付58750元，常×出具收据；2009年1月20日以转账支票形式支付28522元，常×之子出具收据；2010年2月12日以银行转账方式支付26249元；2010年6月22日以银行转账方式支付26498元；2010年8月18日以银行转账方式支付2万元；2011年1月17日以银行转账方式支付26250元。黄×提交了3张收据、4张银行业务凭单。经询，常×表示，这7笔钱中，在2010年9月13日作出（2010）海民初字第21039号民事调解书之前支付的6笔钱不应扣除。这6笔钱与（2010）海民初字第21039号民事调解书中确定的黄×要支付给常×的钱无关，也和调解书的执行无关；2011年1月17日支付的第7笔钱26250元是转到常×的银行卡中了，但也不应扣除，因为这是黄×另外欠常×的钱，和调解书及执行无关。黄×对此不予认可，而常×未在海淀区法院指定的举证期限内提交证据证明黄×另外欠常×钱。

海淀区法院经审查认为，针对案件中黄×提出的异议，首次，黄×主张要扣除的7笔钱中，有6笔是在2010年9月13日（2010）海民初字第21039号民事调解书作出之前支付给常×的。根据（2010）海民初字第21039号民事调解书，黄×与常×、王×已经协商确定了黄×的欠款金额、还款时间，故黄×提出在出具调解书之前支付的6笔钱应该从调解书的执行款中扣除的请求海淀区法院不予支持。

其次，2011年1月17日，黄×通过银行转账

向常 × 的银行账户中支付了 26250 元。常 × 承认 26250 元转到了他的银行卡中，但表示这是黄 × 另外欠他的钱，与（2010）海民初字第 21039 号民事调解书以及执行无关。对此，黄 × 予以否认，而常 × 没有提交证据证明除民事调解书中确定的债务外，黄 × 还另外欠常 × 钱。在此情况下，（2010）海民初字第 21039 号民事调解书生效后黄 × 支付给常 × 的 26250 元应是对该调解书所确定义务的履行，此款应从常 × 申请执行该调解书的执行款中扣除。黄 × 的此点请求海淀区法院予以支持。

综上所述，海淀区法院依照《民事诉讼法》第二百二十五条的规定，裁定如下：

将海淀区法院于二〇一二年六月十二日作出的（2012）海民执字第 6526、6310 号执行裁定书改正为：强制扣划人民币 373750 元。

海淀区法院作出裁定后，黄 × 和常 × 均未申请复议，（2013）海执异字第 64 号裁定书已经生效。

二、评析意见

（一）被执行人是否履行债务的争议与处理争议的程序

本案中，被执行人黄×异议的主张是其已向申请执行人常×支付的钱款应从执行标的中扣除，不应再执行。即被执行人主张已经部分履行执行依据确定的义务，部分债务应相应消灭。审查中经询，黄×明确其提出异议的法律依据是《民事诉讼法》第二百二十五条，即认为法院扣划的拆迁款多于应实际执行的金额，故扣划行为违法，要求变更扣划拆迁款的执行裁定书。本案的事实并不复杂，但本案恰恰反映出了目前执行工作实践中出现的一类典型问题，即如何处理当事人在执行中就债务是否已经履行，是否消灭而发生的争议。

债权人与债务人之间由执行依据确定的债权债务关系在执行依据生效后不会一成不变，最常见的便是债务人履行或部分履行了义务。若债权人申请执行后，债务人提出执行前已经履行或部分履行的主张，那么在执行中就会出现债务人是否履行义务的实体争议。对此争议应如何处理，存在两种意见：一种意见认为由于债务是否履行或部分履行的问题属于实体争议，故应通过“债务人异议之诉”解决，即不应在执行程序中解决此问题，而是应通过诉讼程序解决；第二种意见则认为这种争议目前可以由执行审查部门通过执行异议的方式来处理。虽然当事人之间就是否履行债务的争议属于实体问题，但由于目前我国在立法上并没有债务人异议之诉的规定，所以实践中有的法院采纳了通过执行异议程序审查解决此类争议的观点，并且形成了一定的惯例。故本案以执行异议程序来处理被执行人是否已履行债务的争议，这是在当时法律没有规定债务人异议之诉救济渠道的情况下，以执行异议程序给予债务人救济的灵活策略。2015 年 5 月 5 日开始实行的《最高人民法院关于人民法院办理执行异议和复议案件若干问题的规定》(以下简称《异议复议规定》)第七条第二款规定，被执行人以债权消灭、丧失强制执行效力等执行依据生效之后的实体事由提出排除执行异议的，人民法院应当参照民事诉讼法第二百二十五条规定进行审查。这标志着最高人民法院以司法解释正式肯定了实践中以执行异议程序处理债务是否消灭问题的做法。

（二）对被执行人是否履行债务争议的具体审查

执行异议之诉的事由应该发生在执行依据成立即既判力基准时之后，这是其他国家、地区立法例对执行异议之诉事由发生时期的限制。本文认为，在执行异议程序中处理债务是否履行的争议，也应遵循这一规定。因为，具有既判力的生效法律文书，其所确定的权利义务关系具有实质上的确定力，当事人和法院都要受到约束。当事人在执行异议程序中不能以发生在既判力基准时之前的事实作为异议的理由，法院关于债务是否履行的判断也不能与执行依据相悖。并且，此类异议案件中要解决的问题是执行依据中确定的权利义务关系是否发生变化以及是否影响执行，故被执行人主张已履行债务的事实也应是发生在执行依据生效之后。如果是发生在执行依据生效之前，应属于双方当事人在取得执行依据的诉讼程序中解决的问题。当事人在执行依据生效后就该事实再发生争议的，应通过审判监督程序处理；而如果与原程序和原法律文书无关的，应另行诉讼。

具体到本案中，作为本案执行依据的调解书也应有既判力，如果认定被执行人黄 × 在调解书生效之前给付的6笔钱是履行了调解书中义务的话，就和调解书确定的权利义务关系发生了冲突，影响了调解书的既判力。所以，本案中被执行人黄 × 提出的在调解书生效之前给付申请人常 × 的6笔钱应从执行标的金额中扣除的请求，法院并未支持。而对于调解书生效后黄 × 给付常 × 的1笔钱，在常 × 确认已经收到这笔钱款但没有提交证据证明双方之间除调解书中确定的债务外还有其他债务的情况下，法院认定这笔钱是履行了调解书中的债务。最终，法院改正了执行程序中作出的扣划黄 × 拆迁款的执行裁定书，扣除了认定为黄 × 履行调解书中债务的金额，以执行异议程序和改正执行裁定书的方式解决了双方当事人之间债务是否部分履行的争议。

本案当时的审查思路与后来实施的《异议复议规定》第七条的规定是一致的。《异议复议规定》第七条第二款中强调了被执行人是以执行依据生效之后的实体事由提出排除执行异议的，法院才参照《民事诉讼法》第二百二十五条的规定进行审查。而该条第三款还专门规定，除本规定第十九条规定的情形外，被执行人以执行依据生效之前的实体事由提出排除执行异议的，人民法院应当告知其依法申请再审或者通过其他程序解决。《异议复议规定》第十九条是针对执行中债务抵销的情形，因此，就债务是否履行、消灭的问题而言，被执行人必须依据法律文书生效之后，即既判力基准时之后的事实来提出排除执行的异议，否则不能在执行异议程序中进行处理。

最后，本文认为，应该注意到此类案件属于一种特殊的执行异议案件，是以执行异议的程序性救济方式来解决当事人之间的实体性争议，在程序保障方面有所欠缺，有无法克服的局限性。本案中被执行人黄×是用银行转账方式向申请执行人常×付款的，双方对付款的时间、金额没有争议，争议指的是付款所对应的债务。本案中的相关事实是很清楚的，这为最后作出判断、变更执行措施奠定了良好的基础。而这也意味着如果申请执行人与被执行人在付款的金额、时间方面都存在争议，那要作出执行依据所确定债务是否履行的判断就必须首先解决实体事实争议问题。例如，本文作者还曾在实践中遇到过被执行人主张在判决书生效后已经以现金方式还钱，但申请执行人主张对方持有的还款收条并不是自己写的，在没有其他证据，双方各执一词的情况下，只能通过笔迹鉴定来解决问题。原本应在15天内结束审查的异议程序，最终却持续了好几个月。所以，在并不是为处理实体事实争议而设置的执行异议程序中进行实体审查和判断就面临着更大的困难。而且，当事人如果对异议裁定不服，后续救济只能是向上一级申请复议，并没有诉诸实体救济的直接渠道。就《异议复议规定》而言，本文注意到对于被执行人提出的债务消灭主张，第七条中使用的是“应当参照民事诉讼法第二百二十五条规定进行审查”。本文认为，使用“参照”一词可能说明通过执行异议程序来处理债务是否履行、是否消灭的问题应是基于现实情况考虑的一种权宜之计。所以，在积累足够的实践经验之后，待立法条件成熟时，我国未来的执行制度立法中还是应该设立包括债务人异议之诉在内的异议之诉制度。

8.【案例研究】

撤销原判发回重审裁定不能作为执行回转的依据

北京市西城区人民法院　袁楠

裁判要点

人民法院执行机构作出执行回转裁定所依据的“新的生效法律文书”应当是针对原据以执行的法律文书所涉纠纷作出的终局性解决实体问题的法律文书，而非仅是解决程序问题的再审撤销原判、发回重审的裁定书。

案情

申请执行回转人（原被执行人）：许××。

被申请人（原申请执行人）：陈×甲。

陈×甲诉许××财产损害赔偿纠纷一案，北京市西城区人民法院于2008年12月24日作出（2008）西民初字第12253号民事判决，判决“被告许××于本判决生效后七日内一次性赔偿原告陈×甲财产损失、租金损失共计四万四千六百元。”许××不服一审判决，向北京市第一中级人民法院提起上诉。2009年4月9日，北京市第一中级人民法院作出（2009）一中民终字第2367号民事判决，判决“驳回上诉，维持原判。”

执行

2009年4月24日，陈×甲向北京市西城区人民法院提起强制执行申请，要求许××支付财产损失、租金损失共计四万四千六百元整，该案于2009年6月19日执行完毕。

许××不服北京市第一中级人民法院作出的（2009）一中民终字第2367号民事判决，向北京市人民检察院第一分院提出申诉。后北京市人民检察院第一分院提请北京市人民检察院抗诉。2010年7月8日，北京市人民检察院作出（2010）京检民行抗字第0008号民事抗诉书，认为“北京市第一中级人民法院（2009）一中民终字第2367号民事判决认定基本事实缺乏证据证明、适用法律错误。根据《中华人民共和国民事诉讼法》第一百八十七条第一款、第一百七十九条第一款第（二）、（六）项之规定，特向你院提出抗诉，请依法再审。”

2010年8月18日，北京市高级人民法院作出

（2010）高民抗字第1687号民事裁定书，裁定“一、本案指令北京市第一中级人民法院再审；二、再审期间，中止原判决执行。”2010年11月17日，北京市第一中级人民法院作出（2010）一中民再终字第18406号民事裁定书，裁定“一、撤销本院（2009）一中民终字第02367号民事判决及原北京市西城区人民法院（2008）西民初字第12253号民事判决；二、因原北京市西城区人民法院被撤销，本案发回新成立的北京市西城区人民法院重审。”案件重审期间，许××向法院申请执行回转，述称原执行依据（2008）西民初字第12253号民事判决已被（2010）一中民再终字第18406号民事裁定书撤销，根据民事诉讼法第二百一十条之规定，请求执行回转已经执行的44837元、执行费572元及利息。

评析

执行回转，是指执行完毕后，因为原来的执行依据被撤销，法院根据新的生效法律文书通过采取强制执行措施，将已经执行的财产返还给原被执行人，从而恢复到原执行程序开始前状态的制度。

我国《民事诉讼法》和《最高人民法院关于人民法院执行工作若干问题的规定（试行）》（以下简称

《执行工作规定》）对执行回转启动的条件规定有所不同。早在1991年《民事诉讼法》公布之时，就在第二百一十四条规定了执行回转制度，“执行完毕后，据以执行的判决、裁定和其他法律文书确有错误，被人民法院撤销的，对已被执行的财产，人民法院应当作出裁定，责令取得财产的人返还；拒不返还的，强制执行。”《民事诉讼法》在2007年和2012年历经两次修正时，执行回转的规定被分别调整至第二百一十条和第二百三十三条，但内容并没有改变。1998年制定的《执行工作规定》在第一百零九条中对执行回转作了更为详细的规定，“在执行中或执行完毕后，据以执行的法律文书被人民法院或其他有关机关撤销或变更的，原执行机构应当依照《民事诉讼法》第二百一十四条的规定，依当事人申请或依职权，按照新的生效法律文书，作出执行回转的裁定，责令原申请执行人返还已取得的财产及其孳息。拒不返还的，强制执行。”

对比《民事诉讼法》和《执行工作规定》关于执行回转的内容，后者对执行回转的相关内容作了相应调整。首先，增加了执行回转的启动时间，《执行工作规定》不仅是在“执行完毕后”可以启动执行回转，还可以“在执行中”启动。其次，增加了执行回转的适用情形,《执行工作规定》不仅包括“据以执行的法律文书”被法院撤销，还包括了“被法院或其他有关机关变更”的情形。第三，增加了执行回转的启动方式,《执行工作规定》规定执行回转不仅可以由法院依职权启动，当事人也可以申请执行回转。第四，原生效法律文书被撤销后，责令取得财产返还的人范围不同。《民事诉讼法》并没有区分债权人和案外人的不同，不管原执行标的物在任何人手中，一律都要回转。《执行工作规定》强调执行回转只能从原申请执行人手中回转，侧重于对案外人取得财产权的保护。最后，对执行回转作出的依据予以限制,《执行工作规定》规定执行回转要“按照新的生效法律文书，作出执行回转的裁定”，然而对于什么是“新的生效法律文书”,《执行工作规定》及相关司法解释并没有作出界定。

本案的争议焦点在于再审中撤销原判发回重审的裁定能否视为作出执行回转裁定所依据的“新的生效法律文书”。合议庭对此存在两种不同的意见。

第一种意见认为，撤销原判发回重审的裁定属于《执行工作规定》第一百零九条中作出执行回转裁定所依据的“新的生效法律文书”。本案据以执行的依据既然已经被北京市第一中级人民法院所撤销，原权利人

最高人民法院作出的终审判决）作出之后，由此印证只有在审判部门作出终局生效法律文书之后执行实施机构才能决定是否能够启动执行回转程序。

另外，考虑到再审结果有可能部分或全部改判，届时将对已被执行的财产启动执行回转程序。为避免财物被转移，可以允许当事人在撤销原判、发回重审的裁定作出后对已被执行的财产申请诉讼保全。因为再审程序不是一个针对再审案件的审理做出单独规定的特殊程序，而是针对不同的情况或者适用第一审程序或者适用第二审程序。据此，撤销原判、再审发回重审的案件适用一审普通程序，发回重审法院的审判部门可以依据原被执行人的申请，对已经执行的申请执行人财产进行诉讼保全，待终局生效法律文书作出后，再决定是否进入执行回转程序。

热点聚焦

1.【审判实务研究】

利用手机卡存储功能复制、贩卖淫秽物品牟利犯罪中的几个法律适用问题

北京市高级人民法院 肖江锋

编者按：近年来，随着信息技术的高速发展，实践中出现了利用手机卡复制、贩卖淫秽物品牟利的案件。实践中，这类案件在罪名确定、量刑标准、电脑、移动硬盘中查获的其他淫秽视频是否计入犯罪数量等诸多问题上存在认识分歧，导致不同案件裁判结果迥异。本文对此类案件的法律适用问题，进行了研究，对审判工作具有一定的借鉴意义。

利用手机卡的存储功能复制、贩卖淫秽物品牟利的案件具有新的特点，案件的事实基本相同：手机销售、维修店业主在自己的电脑、硬盘中存储有大量淫秽视频。在开展手机销售、维修业务过程中，应顾客要求或主动挑选部分淫秽视频（几十段至数百段视频不等）通过读卡器复制到顾客手机卡中，并收取少量费用（少则几元，多则数十元）。一方面，手机卡是移

动通讯终端最重要的组成部分，其可以存储大量内容不同的淫秽电子信息，有别于光盘、书刊、画册等传统实物载体。另一方面，通过读卡器向手机卡中复制、贩卖淫秽视频只是一种“点对点”传播淫秽物品的行为，又不同于利用互联网等途径传播淫秽电子信息。这些新的特点，导致这类案件的审判在法律适用上产生了诸多分歧，不同案件的裁判结果迥异。主要包括以下几方面：罪名是应当确定为复制淫秽物品牟利罪，还是贩卖淫秽物品牟利罪，或是复制、贩卖淫秽物品牟利罪，存在争议；是应当适用《最高人民法院关于审理非法出版物刑事案件具体应用法律若干问题的解释》的定罪量刑标准，还是《最高人民法院、最高人民检察院关于办理利用互联网、移动通讯终端、声讯台制作、复制、出版、贩卖、传播淫秽电子信息刑事案件具体应用法律若干问题的解释》的定罪量刑标准，意见不一致；对行为人电脑、移动硬盘中查获的其它淫秽视频是否应计入犯罪数量，认识不统一。下面就这几方面的问题逐一进行分析：

一、此类案件的罪名应当如何确定

《中华人民共和国刑法》第三百六十三条规定的制作、复制、出版、贩卖、传播淫秽物品牟利罪是典型的选择性罪名。所谓选择性罪名，是指由于犯罪构成的具体内容复杂，导致一个法律条文规定有两个以上具有密切联系的犯罪行为或者犯罪对象，既可以概括使用，也可分解拆开使用的罪名。选择性罪名必须根据具体的犯罪构成事实来确定罪名的内容。以选择的具体内容为区分标准，又可分为行为选择，如走私、贩卖、运输、制造毒品罪；对象选择，如拐卖妇女、儿童罪；行为与对象同时选择，如窝藏、转移、隐瞒毒品、毒赃罪。制作、复制、出版、贩卖、传播淫秽物品牟利罪属于需要进行行为选择的罪名。一般而言，由于选择性罪名列举的各种具体行为界限比较明显，罪名的确定比较容易。但在以光盘、书刊、画册等为载体的复制、贩卖淫秽物品案中，复制行为与贩卖行为存在一定的独立性。如，行为人用 1 张 VCD 淫秽光盘作为母盘，复制出 1000 张子盘，复制行为即实施完毕。如需将光盘销售出去，还需要单独实施贩卖行为，复制行为与贩卖行为在内容上差别明显，空间上相对分离。但在本文探讨的这类案件中，却因为复制、贩卖行为出现了模糊与重合，造成了选择困难。行为人用读卡器将电脑、移动硬盘上的淫秽视频拷贝到顾客的手机卡中，无疑是一种复制行为。但复制行为结束的同时，购买淫秽视频者就得到了淫秽物品，贩卖行为即告完成，复制行为与贩卖行为界限不明显。因此，有的意见认为，这里的复制行为只是贩卖淫秽视频的手段。它既不是单纯的复制行为，也不是复制和贩卖两个独立的行为，而是属于贩卖行为不可分割的组成部分，应认定为构成贩卖淫秽物品牟利罪。也有的意见认为，行为人仅实施了复制行为即已实现牟利，认定为构成复制淫秽物品牟利罪即可。笔者认为，确定选择性罪名时，应当做到罪名能够尽量涵盖行为人的具体犯罪构成事实。行为人确已实施的刑法分则规定的行为，选择性罪名的内容都应当予以体现。在本文探讨的这类案件中，行为人实施了复制行为没有争议。但行为人不可能仅仅只实施复制行为，与顾客之间还必然会有关于淫秽视频交易的合意过程，包括价格商讨、视频选择等，这些内容则属于贩卖行为。可见，不论是贩卖淫秽物品牟利罪，还是复制淫秽物品牟利罪，都无法全面涵盖行为人的所有行为。所以，对此类案件还是认定为复制、贩卖淫秽物品牟利罪最为准确。

二、应当适用哪个司法解释作为定罪量刑标准

涉及此类案件的司法解释主要是《最高人民法院关于审理非法出版物刑事案件具体应用法律若干问题的解释》和《最高人民法院、最高人民检察院关于办理利用互联网、移动通讯终端、声讯台制作、复制、出版、贩卖、传播淫秽电子信息刑事案件具体应用法律若干问题的解释》。根据《关于审理非法出版物刑事案件具体应用法律若干问题的解释》确定的数量幅度及笔者当地确定的具体标准，以牟利为目的复制、贩卖淫秽影碟、软件、录像带100张以上应当追究刑事责任，处三年以下有期徒刑、拘役或者管制；数量达到500张以上的为情节严重，处三年以上十年以下有期徒刑；数量达到2500张以上的为情节特别严重，处十年以上有期徒刑或者无期徒刑。而根据《最高人民法院、最高人民检察院关于办理利用互联网、移动通讯终端、声讯台制作、复制、出版、贩卖、传播淫秽

电子信息刑事案件具体应用法律若干问题的解释》，以牟利为目的，利用互联网、移动通讯终端复制、贩卖淫秽视频等20个以上即可追究刑事责任，情节严重和情节特别严重的数量标准则分别为100个和500个。两个司法解释规定的数量标准相差悬殊。有的意见认为，《最高人民法院关于审理非法出版物刑事案件具体应用法律若干问题的解释》对淫秽物品的列举很明确，只有影碟、录像带、书刊等，当时并未对淫秽电子信息作出规定。《最高人民法院、最高人民检察院关于办理利用互联网、移动通讯终端、声讯台制作、复制、出版、贩卖、传播淫秽电子信息刑事案件具体应用法律若干问题的解释》才专门针对新情况作出规定。利用移动通讯终端复制、贩卖淫秽电子信息，不可能脱离手机卡进行，所以应按《最高人民法院、最高人民检察院关于办理利用互联网、移动通讯终端、声讯台制作、复制、出版、贩卖、传播淫秽电子信息刑事案件具体应用法律若干问题的解释》定罪量刑。我们认为，上述意见值得商榷。对这类案件还是应当适用《最高人民法院关于审理非法出版物刑事案件具体应用法律若干问题的解释》定罪量刑，主要理由是：

1. 应当正确理解《最高人民法院、最高人民检察院关于办理利用互联网、移动通讯终端、声讯台制作、复制、出版、贩卖、传播淫秽电子信息刑事案件具体应用法律若干问题的解释》的原意。这个司法解释适用于通过特定途径，即互联网、移动通讯终端、声讯台传播淫秽电子信息的犯罪。之所以与《最高人民法院关于审理非法出版物刑事案件具体应用法律若干问题的解释》相比大大降低了定罪量刑数额标准，是因为通过互联网、电信网络等公共网络传播淫秽电子信息，传播速度快、影响面广、对象不特定、查处难，危害性远大于传统犯罪手段，需要增加打击力度。因此，该解释规定的“利用移动通讯终端”，应理解为是指通过移动通讯终端的通讯功能，即通过电信网络实施相关犯罪的情形。而这类案件中的行为，从形式上看涉及移动通讯终端、淫秽电子信息，似乎可以适用《最高人民法院、最高人民检察院关于办理利用互联网、移动通讯终端、声讯台制作、复制、出版、贩卖、传播淫秽电子信息刑事案件具体应用法律若干问题的解释》。但从实质看，但行为人利用的只是手机卡的存储功能，并未利用手机的通讯功能及电信网络，淫秽物品的受众也是购买淫秽视频的特定人，还是属于传统的“点对点”贩卖淫秽物品的范畴，更贴近《最高人民法院关于审理非法出版物刑事案件具体应用法律若干问题的解释》规定的情形，应适用它所确立的标准定罪量刑。

2. 虽然《最高人民法院关于审理非法出版物刑事案件具体应用法律若干问题的解释》规定的是影碟等淫秽物品（单位按“张”计），未涉及淫秽视频（单位按“个”计），但并不影响解释的适用。有的意见提出，《最高人民法院关于审理非法出版物刑事案件具体应用法律若干问题的解释》虽然没有涉及淫秽电子信息，但规定了制作、复制、出版、贩卖、传播淫秽软件的定罪量刑标准，实践中可以把淫秽视频视为软件的一种。对此，笔者持不同意见。软件，是指与计算机系统操作有关的计算机程序、规程、规则，以及可能有的文件、文档及数据。软件的开发、运行、维护都必须依赖于特定的计算机系统环境，一般包括系统软件和应用软件。系统软件负责管理计算机系统中各种独立的硬件，使它们可以协调工作。应用软件则是用户可以使用的各种程序设计语言，以及用各种程序设计语言编制的应用程序的集合。从上述定义看，软件可以是程序，也可以是程序、数据、文档的集合体，但单独的数据不能称之为软件。因此，播放淫秽视频的程序可以称之为软件，但淫秽视频本身只是数据，不属于软件。笔者认为，对这个问题无须从扩张解释软件的角度进行尝试。贩卖淫秽影碟的行为与本文讨论的这类案件在本质上极其近似，关键的区别只是载体不同。淫秽影碟的载体虽是光盘，但在使用过程中设备读取播放的其实是刻录于光盘上的淫秽视频。作为外在形式的光盘数量按“张”为单位计，但作为光盘内容的淫秽视频亦可按“个”为单位计。我们计算作为载体的光盘的数量，其实就是在计算淫秽视频的数量。所以，二者适用同一个司法解释不存在根本冲突。

3. 适用《最高人民法院、最高人民检察院关于办理利用互联网、移动通讯终端、声讯台制作、复制、出版、贩卖、传播淫秽电子信息刑事案件具体应用法律若干问题的解释》，容易导致罪刑失衡。从实际情况看，行为人复制、贩卖的淫秽视频小的只十几兆或几十兆，很多只是视频片断，数量很容易突破100个，而行为人获利通常只有几十元甚至几元。对这样的案件动辄处三年以上甚至十年以上有期徒刑，显然罪刑不相适应。另外，此类犯罪的行为人，主要是经营个体维修店的外来务工人员，凭借维修手机、电脑的一技之长在城市立足，通常还是家庭主要经济来源。他们仅因法律意识淡薄贪图小利实施犯罪行为，主观恶性不深、人身危险性不大，处罚时应当充分体现出宽严相济的刑事政策精神，以教育为主并多适用非监禁刑，不宜判处重刑。

三、电脑、移动硬盘中查获的其它淫秽视频是否应计入犯罪数量。在这类案件中，通常行为人只向他人手机卡中复制、贩卖了一部分淫秽视频，在其电脑、移动硬盘中还可查获大量其它淫秽视频，数量最多的达到几千个。查获的淫秽视频是否计入犯罪数量会对量刑结果产生决定性影响。有的意见认为，行为人复制、贩卖的淫秽视频，是根据顾客要求在其储存的所有淫秽视频中挑选或随机选取的，说明所有的视频都是准备用于复制、贩卖牟利的，故都应计入犯罪数量。只以行为人被抓获时复制到顾客手机卡中的视频数量来量刑，会放纵犯罪。而且在处理贩卖淫秽光盘及贩卖毒品案件时，对于行为人住所等地查获的其它淫秽光盘、毒品，也是计入犯罪数量的，应当保持执法的统一性。笔者认为这种意见并不妥当。在行为人电脑、移动硬盘中查获的其它淫秽视频不论数量多少都不应计入犯罪数量。理由如下：

1. 查获的淫秽视频数量一般都远远超过行为人复制、贩卖的淫秽视频数量，计入犯罪数量会出现量刑跨越式升级，导致罪刑严重失衡。在有的案件中，行为人被抓获时复制、贩卖的淫秽视频不过数十个，但电脑中却查获了数千个，如计入犯罪数量则需要在十年有期徒刑以上量刑，罪刑明显不相适应。即使不考虑罪刑相适应的问题，上述意见也忽视了这类案件与贩卖毒品犯罪之间的重要区别。毒品犯罪是必须从严惩处的严重犯罪，非法持有毒品本身就可构成犯罪。对于有证据证明可能用于贩卖的毒品，计入贩卖毒品的数量并无不当。而个人在电脑、移动硬盘中存储淫秽视频用于本人观看并不违法，不论其数量多少都不构成犯罪。

2. 在毒品犯罪案件和贩卖淫秽光盘的案件中，之所以将查获的违禁品计入犯罪数量，依据的是刑事推定的原理。所谓推定，是指法官基于被证据证明的基础事实而认定推定事实成立的一种事实认定方法。推定的成立，必须符合几个条件。一是必须存在有证据证实的基础事实。基础事实是刑事推定的起点和基准。没有经证据证实的基础事实，就无法进行刑事推定。如在贩卖淫秽光盘的案件中，行为人向某路人贩卖了数张淫秽光盘的事实，就是基础事实。如果这一事实都缺乏证据证明而不能认定，则行为人住处查获的淫秽光盘当然也就不能推定为是用于贩卖的。二是基础事实与被推定的事实间有常态联系，二者的相伴发生符合经验和逻辑。基础事实与推定事实间有常态联系是推定适用的条件。当基础事实存在时，推定事实一般也存在，二者的伴生关系具有高度的盖然性。在不具备这一条件的情况下进行推定，则推定的结论很可能是错误的。三是允许行为人进行合理解释和反证。虽然基础事实和推定事实之间有常态联系，但这只是高概率事实，仍然存在例外可能。由于推定具有或然性特征，故如果行为人能够提出合理解释或提出证据证明推定事实并不存在，当然可以否定推定的结论。以贩卖淫秽光盘的案件为例，行为人贩卖部分淫秽光盘的基础事实是得到证实的，一般还会备有光盘存货用于贩卖也是常态的、高概率的事件。行为人住处查获的大量内容相同的淫秽光盘，若以用于本人观看作为辩解，又不符合经验和逻辑，故可推定这些光盘也是用于贩卖牟利的，并计入犯罪数量。当然，这种推定允许行为人提出合理解释或进行反证。如行为人若证明其住处查获的光盘与自己无关，是他人存放的，则不能认定这些光盘是准备用于贩卖牟利的。可见，这种推定是符合推定的基本原理和要求的。而本文探讨的这类案件中，电脑、移动硬盘中存储有淫秽视频本身不违法，淫秽视频的内容又都不重复，行为人可以以用于本人观看作为合理解释。在没有证据证明行为人对这些视频也实施了复制、贩卖牟利行为的情况下，推定这些视频是用于复制、贩卖牟利的，违反了推定允许合理解释和反证的规则。

3. 审判实践中，有的法院将查获的视频计入犯罪数量，但按犯罪未遂处理。这种思路虽然可以在一定程度上解决量刑失衡的问题，但还是解决不了违反推定规则的问题。同时，所谓犯罪未遂概念中的“已经着手实施犯罪”，是指行为人已经开始实行构成要件的行为，即只有着手实施制作、复制、出版、贩卖、传播淫秽视频的行为，才可能存在既未遂的问题。行为人在电脑中存储淫秽视频并不是刑法分则规定的实行行为，将存储淫秽视频的行为视为已经着手实施犯罪，不符合未遂犯的刑法原理。

2.【审判实务研究】

论 P2P 网贷平台有关业务行为的刑事评价与谦抑应对

北京市海淀区人民法院　殷华　张鹏

编者按： P2P 网贷，一般是指投资人与融资人通过第三方网络平台直接进行的借贷活动，又称点对点信贷、人人贷。自我国引入 P2P 网贷交易模式并经过萌芽成长阶段后，近年来呈现出急速发展态势。但由于我国金融体制改革未完成、征信制度不对接、配套制度不健全等因素，我国 P2P 网贷行业内呈现出鱼龙混杂、监管缺位、“跑路”频发、投资人维权困难等问题。本文分析了涉 P2P 网贷的现实案例和网贷交易的具体模式，并提出了谦抑应对 P2P 网贷平台刑事问题的对策建议。

一、检视：对现实案例的梳理分析及问题归纳

（一）现有案例梳理

在刑事案件方面。目前，全国已有多起刑事处理

的 P2P 网贷案件。典型如邓 ×、李 × 非法吸收公众存款即东方创投案，被誉为“P2P 非法集资第一案”，该案是法院对 P2P 平台案件的首次刑事裁判。此外涉及刑事犯罪且正在处理中的案件还有网赢天下案（涉嫌集资诈骗罪，未宣判）、优易网案（P2P 首例集资诈骗罪定性案件，一审已宣判，上诉中）、天力贷案（涉嫌非法吸收公众存款，一审已宣判）等。在民商事领域，已有一部分通过 P2P 网贷平台撮合的投资人和融资人，在纠纷发生后以民间借贷形式诉至法院，寻求民商事救济；但鲜有涉及 P2P 网贷交易中如债权转让模式等的合法性、合同有效性评价的判例，部分涉嫌违规的 P2P 网贷交易刚刚开始以民事诉讼的方式进入法院。合理界定此类情况的违规违法情况，也是非常迫切的现实问题。

（二）现实问题总结

目前，国内涉及 P2P 网贷刑事评价时面临的主要问题是：（1）如何处理好监管政策与司法救济的关系；（2）在目前未出台监管细则的情况下，如何界分 P2P 网贷平台业务罪与非罪的界限；（3）如何谦抑应对网贷平台业务涉刑事问题，以恰当把控和平衡金融创新和金融安全的关系；（4）如何解决其中有可能涉及的刑民交叉问题。

二、解构：P2P 网贷交易的具体模式分析

按照不同分类标准，我国 P2P 网贷交易模式可分为纯平台模式与债权转让模式、无担保模式和有担保模式、纯线上模式和线上线下相结合模式等。

（一）已有模式的分类评析

纯平台模式是借贷双方通过网贷平台直接接触而达成的交易，该模式下，融资人和投资人之间系民间借贷关系，二者与网贷平台之间一般系居间合同关系。因该种交易中平台无法获得更为精准的征信数据，导致投资人和平台无法控制项目风险等原因，使纯平台模式在我国现有环境下难以生存，实际采用的比例也不高，而各种经过改造的网贷平台在我国是主流，这种改造主要集中于平台增信，这也在很大程度上成倍放大了风险。

债权转让模式是指借贷双方不直接签订借贷合同，而是通过第三方先贷款给融资人，后由第三方将

债权转让给投资人的P2P网贷交易模式。从实际情况来看，上述第三方一般为P2P网贷平台的内部核心人员。模式将投资人提供的款项进行拆分和错配，俗称“拆标”。债权转让模式呈现部分资产证券化特征，此种模式下由于经常发生期限和金额错配而使平台资金池的建立成为可能，也让非法集资类犯罪有了存在的前提，此交易从根本上说是否属于P2P网贷，目前仍有争议。

（二）中国人民银行等部门《关于促进互联网金融健康发展的指导意见》（以下简称《指导意见》）肯定模式的系统解读

《指导意见》就P2P网贷做出了明确规定，可以看出目前我国监管机构予以支持和鼓励的交易模式有如下边界：首先，P2P网贷的主体明确为“个体”。该词汇并非严格的法律概念，并未限定系自然人、企业或其他组织。其次，明确平台为信息中介。信息中介非信用中介，平台服务内容应为以信息服务为主的居间服务。再次，不得提供增信服务。增信服务是指由平台自身提供的担保，但是否可以由第三方提供担保或通过风险备付金形式对投资人权益加以保障，则仍有待于实践的进一步观察。最后，将 P2P 网贷对应的直接借贷行为明确纳入到民间借贷范畴，并说明“受合同法、民法通则等法律法规以及最高人民法院相关司法解释规范”。此后，在《最高人民法院关于审理民间借贷案件适用法律若干问题的规定》中第二十二条做了规定，该规定明确了网贷平台承担担保责任的界限。从上述内容可以看出，《指导意见》所肯定的模式应属较为传统的纯平台模式，并对其做了相对保守的规定。

三、鉴别：网贷交易中常涉罪名分析及相应界限

（一）P2P 网贷交易与非法吸收公众存款罪

我国《刑法》第一百七十六条规定了非法吸收公众存款罪。最高法院进一步在《关于审理非法集资刑事案件具体应用法律若干问题的解释》（以下简称《非法集资司法解释》）第一条中规定了构成该罪所应同时具备的非法性、公开性、利诱性、社会性四个要件；在第二条列举了司法实践中非法吸收公众存款罪的常见行为模式，其中第一款第（五）、（八）、（九）项有

可能在P2P网贷交易中出现；在满足前述基本犯罪构成的条件下，第三条从资金数额、参与人数等方面具体规定了非法吸收公众存款罪的入罪门槛。

就P2P网贷交易与非法吸收公众存款罪的界限问题，债权转让模式涉及的刑事犯罪风险则较大。从债权转让模式的交易过程来看，第三人将贷款出借给融资人的阶段，因属于正常范围内的民间借贷，无违法违规之处；关键在于平台对上述债权进行重新拆分错配，形成债权包或投资产品，并通过网络平台对外进行销售，以此吸收投资人资金，这种类资产证券化行为实际上并不属于一般意义上的P2P网贷交易。从行为构成上看，平台通过其核心人员依托网络平台向社会公众募集资金，并满足“以货币、实物、股权等方式还本付息或者给付回报”的要件；且从严格意义上来说，上述交易并未通过有关部门批准，合法性存在欠缺。在此情况下，基本满足了非法吸收公众存款罪的构成要件，触及了违法红线。总体来看，上述行为均存在主观故意，其重点在于是否具有向不特定对象吸收资金的意图及行为等。

（二）P2P 网贷交易与集资诈骗罪

在非法集资活动中，集资诈骗行为较之非法吸收公众存款，主观恶性更大，客观危害也更为严重，我国《刑法》第一百九十二条就此做了规定。《非法集资司法解释》第四条明确了可认定为集资诈骗的多种情形。具体到 P2P 网贷交易中，如果行为人以非法占有为目的，使用诈骗方法实施了《非法集资司法解释》中所列明的情形，可以认定为构成集资诈骗罪。对于实际判例，如前文提到的优易网案以及“网赢天下”案。如果平台实际控制人等通过发布虚假信息以获得资金，并且非法占有的目的明显，则有可能被定性为集资诈骗罪。

四、推论：谦抑应对 P2P 网贷平台刑事问题的路径与规则

（一）寻根溯源：稳妥构架 P2P 网贷业务的监管模式

就 P2P 网贷平台业务涉刑事问题的解决，需要从经济法、行政法、刑法和民商法等法律部门以及行业自身发展等诸多维度来入手，重点还放在加强金融

监管、强化投资人权益保护等方面，通过监管政策的明确，在市场准入、市场退出、合格投资者制度设置、信息披露要求、强化行业自律、强制客户资金第三方存管等制度上加以完善。除《指导意见》已明确的内容外，还应对其他必要的方面加以明确，如不能通过资金、期限错配等方式形成资金池，不能为平台自身融资；不得向非实名注册用户宣传或推介融资项目；不得利用平台自身优势获取投资机会或误导投资人；不能兼营股权众筹融资或网络小额贷款业务；不得采用恶意诋毁、贬损同行等不正当竞争手段等，以使 P2P 网贷行业能够健康快速发展。

（二）保持谦抑：防止刑事评价的过度严苛

首先，如严苛按照《非法集资司法解释》规定评价目前的 P2P 网贷平台业务，则可能使正方兴未艾的 P2P 网贷交易陷入“法网过密”的尴尬境地，尤其是非议缠身的债权转让模式。实际上，从现行法分析，得出的结论基本上是负面的，这正是此种创新交易在当前监管格局下面临的尴尬境地。其次，P2P 网贷业务本身即具有公开、小额等特性，应加以合理约束规范，而非不顾社会危害性大小就做简单的刑事评价。

根据《指导意见》开宗明义写明的内容，包括P2P网贷在内的互联网金融对解决我国中小微企业融资难问题有显著作用，动辄涉嫌刑事的现状又与实际需求不符；在监管仍未到位的情况下，如何结合当下现实问题考验着裁判者的智慧。造成上述矛盾局面的一种缘由实际在于相对滞后的法律规范在评价具体金融创新时相对乏力，在此种情况下，不应也不能过多得进行刑事化处理。再次，需明确对P2P网贷业务进行刑事评价的重点内容。界定正常P2P网贷交易与非法集资犯罪的主要因素即网贷资金的管控与运用，故相应地界定网贷平台业务行为罪与非罪的重点即是否形成了非法资金池、是否存在平台自融等行为，应确定以资金流向为重点的审查思路，进而恰当、谦抑地进行刑事评价。

（三）以投资人权益保护为中心：妥善处理刑民交叉问题

处理P2P平台业务涉民刑事交叉问题，目前主要的处理规则应当按照《最高人民法院、最高人民检察院、公安部出台关于办理非法集资刑事案件适用法律若干问题的意见》第七条“关于涉及民事案件的处理问题”的规定处理，但具体到P2P平台业务的违法犯罪问题，还应更加慎重，确定的处理规则应以能够切实保护投资人权益为核心。对此，刊载于《最高人民法院公报》的“吴国军诉陈晓富、王克祥及德清县中建房地产开发有限公司民间借贷、担保合同纠纷案”所确定的裁判思路可以进行借鉴。理由具体为：刑事犯罪行为是这种单个借贷行为从量变到质变、从单个人到数个“向不特定人借款”行为的总和，不能把非法吸收公众存款的犯罪行为与单个民间借贷行为画上等号；当事人在订立民间借贷合同即担保合同时，不存在《合同法》第五十二条规定的违反法律法规的强制性规定、以合法形式掩盖非法目的等无效情形，应当确认为有效，这样更有利于权利人的保护；民间借贷和非法吸收公众存款的犯罪属于两个法律关系，刑事侦查、起诉、审判等程序，并不影响法院审理当事人间的民事合同纠纷，民事案件不需要中止审理。

结语

由于P2P网贷仍处于快速发展蜕变阶段，不宜将其限定在较为狭窄的现行法律评价体系内。如涉及违法犯罪问题且诉至法院，可进一步查实具体交易过程，并予以谦抑地评价，以为我国互联网金融的发展留足空间。在具体的P2P平台业务刑事评价方面，在目前法律法规供给相对不足的情况下，建议具体处理规则如下：（1）持续推动稳健适度监管措施的出台，以为解决现实问题提供基本依据；（2）对P2P平台业务问题进行刑事评价时应保持谦抑，且需首先将名为P2P平台业务、实为传统非法集资犯罪的行为甄别出去；（3）按照有利于保护投资人权益的原则解决刑民交叉问题；（4）尽快推动形成相对统一的评价规则，避免行政监管或司法评价较大的随意性。

3.【审判实务研究】

刑事诉讼中电子数据认证的问题及对策

北京市西城区人民法院　吴献雅、柴福敏

编者按： 近年来，随着网络犯罪数量的激增，对电子数据的审查判断逐渐成为司法证据审查的常态。在刑事审判实践中，由于缺少具体、专门的电子数据适用规则，法院对各种刑事电子数据的审查评断、认证、采纳存在混乱，一定程度上影响了司法的公信力，不利于案件事实的查明和当事人合法权利保障。本文分析了当前法院审查采用电子数据存在的问题及其原因，并重点对如何判断电子证据的真实性、电子数据“瑕疵”和“非法”的边界等提出有益的建议，对完善电子数据司法审查规则具有启发意义。

一、实践考量：刑事诉讼中电子数据认证之乱象

为详细了解刑事审判中法官对电子数据的判断和

适用情况，本文在中国裁判文书网上检索分析了28个省、自治区、直辖市三级法院于2013年1月1日至2015年6月8日做出的7470件刑事判决、裁定和决定。其中涉及电子数据的判决文书有3102件，占电子数据裁判文书的41.53%，说明电子数据的审查评断已经构成司法证据审查的常态。而根据对涉电子数据裁判文书的统计分析（见图一），笔者发现，面对频繁出现的电子数据，法官在识别和审查评断、认证过程中存在裁量权过大的情况，并因此产生了较为明显的不一致。在3102件刑事判决中，共有624件刑事判决对其中的电子数据不予认证采纳。

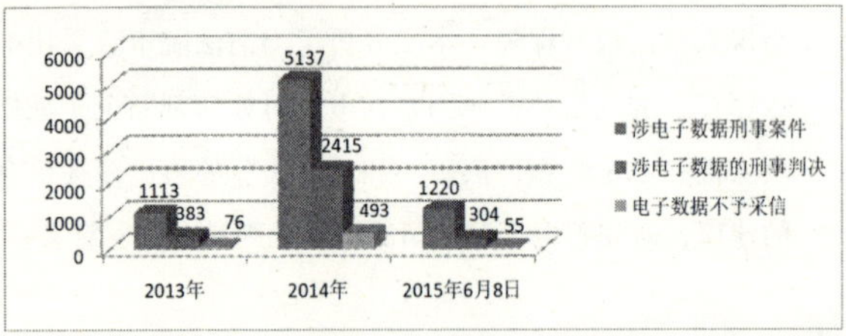

图一：涉电子数据刑事案件2013–2015年案件分析表

而对刑事判决中涉电子数据的认证与采纳情形进行进一步分析

在624份不予认证采纳的判决中，不予认证采纳的原因包括以下几类：属于孤立证据（173份，占

27.72%），按照毒树之果理论（侦查机关通过非法手段获取了某项证据，然后由该项证据又“衍生”或“派生”出的证据）排除（13件，占2.08%），属于瑕疵证据（296件，占47.44%），属于非法证据（82件，占13.14%），属于其他情形（60件，占9.62%），其中其他情形是指仅根据中国裁判文书网中公开的判决文书难以明确得知该案件中电子数据不被认证采纳的具体原因。具体如图二所示：

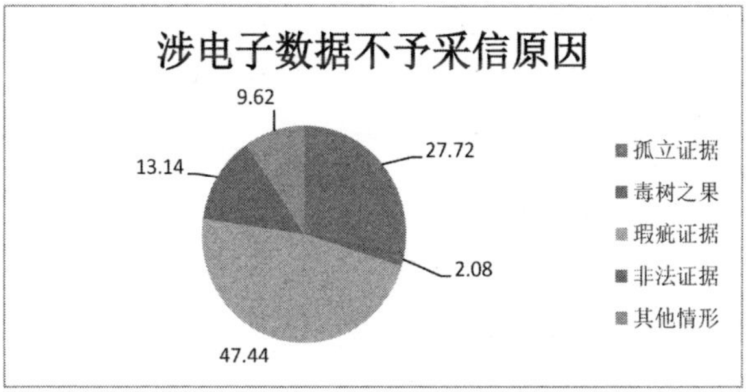

图二：不予认证电子数据原因统计

通过对3102件刑事判决中涉电子数据的认证情况进行分析，发现法官对于电子数据的处理方式可以分为四种情形：一是“过严审查”类，一旦认为电子数据存疑直接不予认证；二是“正常审查”类，如果发现电子数据存疑，对存疑电子数据按照证据“补正”

规定进行补正，并视情况确定认证与否；三是“过松审查”类，对电子数据存有一定的疑问，但由于是公诉机关或侦查机关制作的，通常也予以认证；四是其他类，通过裁判文书简单地罗列出了该案的电子数据，但没有明确的认证论理分析及意见，不能明确推断该法官是否采纳涉案电子数据。

二、追本溯源：电子数据认证乱象之原因分析

电子数据认证之所以混乱，笔者认为主要存在以下四方面的原因：

一是法律规定不细。实际上，早在2010年，最高人民法院、最高人民检察院、公安部、国家安全部、司法部《关于办理死刑案件审查判断证据若干问题的规定》(以下简称《死刑案件审查证据规定》)就将“电子邮件、电子数据交换、网上聊天记录、网络博客、手机短信、电子签名、域名等”规定为电子数据，并提出了电子数据审查的五点内容，以及“对电子数据有疑问的，应当进行鉴定”和“对电子数据，应当结合案件其他证据，审查其真实性和关联性”的原则。

我国2012年修正的《刑事诉讼法》第四十八条新增规定“……证据包括：……（八）视听资料、电子数据。”第五十二条新增规定“行政机关在行政执法和查办案件过程中收集的物证、书证、试听资料、电子数据等证据材料，在刑事诉讼中可以作为证据使用”。2013年相继出台的《最高人民法院关于适用〈中华人民共和国刑事诉讼法〉的解释》（以下简称《适用刑事诉讼法解释》），用专门一节对视听资料和电子数据的审查与认证做了规定，要求审判人员对电子数据要着重审查电子数据完整性、合法合规性、真实性、关联性、全面性，同时删除了《死刑案件审查证据规则》中“对电子数据，应当结合案件其他证据，审查其真实性和关联性”的原则。还规定了电子数据审查认定规则：“视听资料、电子数据具有下列情形之一的，不得作为定案的证据（一）经审查无法确定真伪的；（二）制作、取得的时间、地点、方式等有疑问，不能提供必要证明或者作出合理解释的。”这些规定的明确，对电子数据的审查给出了一定的依据，但对于电子数据的收集认证标准、效力以及审查程序问题都缺乏明晰的规定。由于没有建立一套科学、系统、明确的电子数据认证、排除规则，实践中法官对电子数据证明力的判断完全采用自由心证，缺少必要的制约，形成了恣意的空间。

从其他国家立法来看，往往都对电子数据的收集、认证制定了单独的法律规范，对法官自由心证进行了必要限制，以防止个人专断或审判人员错误判断影响公正裁判，尤其是英美法系由于诉讼模式的原因，“对自由心证的原则就多有限制，建立了一套复杂的证据规则规定了证据的可采性”，在电子数据方面表现尤为典型。加拿大1998年颁布的《统一电子数据法》在普通法和成文法规则之外为电子数据明确了鉴证规则和最佳证据规则，美国《统一电子交易法》《国际国内电子签章法》《统一计算机信息交易法》等对电子数据密切相关的术语进行了界定，明确了电子数据的证据能力、电子信息安全性、电子数据真实性问题、电子数据是否传闻问题、交叉询问规则，以及电子储存信息的证据开示，“毁弃推定”的证据法则等。

二是性质认识不清。电子数据是信息社会不断发展在诉讼领域投射的产物，通常来说，电子数据能够被人们认知，需要通过软件系统和硬件系统两部分进行呈现，软件系统主要包括计算机软件、手机软件等，硬件系统主要包括电脑、网络设备和各种终端等。电子数据的产生、形成、固定等步骤都需通过终端输入、网络传输、存储运算等步骤在后台完成，这些后台运算使用的都是“计算机语言”，属于不能被人类直接感知和理解的信息。电子数据的上述特征使得法官在这一新型证据面前黯然失语，有的认为电子数据就是“电子”的问题，忽视了电子“证据”的证据属性，对电子数据采取消极认证的方式，仅仅对自认的、证人具结认定的、专家鉴定认定的和电子签名等明确的电子数据予以认证，而对质证中有异议的电子数据，很少主动运用证据规则对电子数据的真实性、关联性、合法性进行审查。特别是由于瑕疵证据和非法证据之间的界限不够明确，审判实践中，一些法官往往把瑕疵电子数据当作非法证据予以排除，既不利于查明案件事实，亦不利于实现公正司法。

三是专业知识有限。正如上文所述，电子数据在反映客观事实上具有两面性，一方面电子数据具有客观真实性，以文字、声音、图像等多种形式证明已发生的事实，符合证据要求；另一方面，电子数据的“高科技性”产生的难以直观认知、底层程序控制、二进制运行、机器代码程序等，导致电子数据不能直接作为证据呈现（这也是电子数据作为定案依据的间接性，需要“制作、储存、传递、获得、收集”，即所谓的电子取证）。

以计算机取证举例说明，庭审过程中，法官“看到”的是作为电子数据的存储介质和作为书证呈现以报告的形式将案件信息、检验过程、检验工具、分析过程汇总的取证意见。司法实践过程中，电子数据的取证人一般是侦查机关，下面以侦查机关的电子数据取证过程为例：

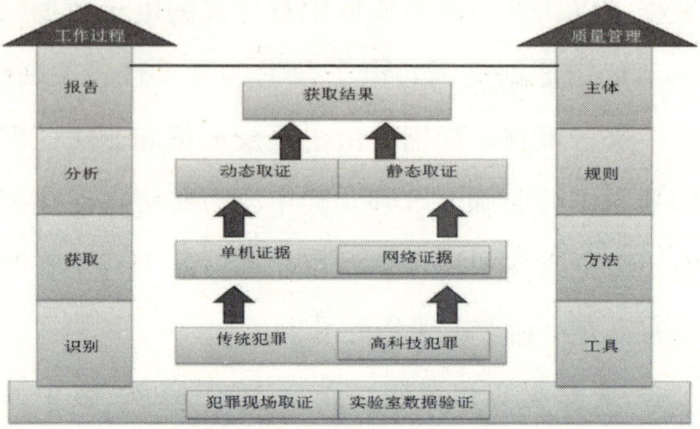

图3：电子取证技术体系的框架结构图

然而对于如此复杂的取证过程，由于专业背景知识所限以及电子数据的“不被感知性”，法官能做的只是在取证程序和取证环节上对“取证人、制作人、持有人、见证人等是否签名或者盖章”进行形式审查。庭审中，法官往往只是阅读公诉人提交的检验报告，形式审查报告中的结论部分，如果被告人否认，法官并不明白这个过程的质量监管标准和程序，只要存疑，就只能按照法律的规定启动司法鉴定，这往往造成司法资源的浪费和诉讼拖延。

四是裁判说理不明。2014 年 1 月 1 日起施行的《最高人民法院关于人民法院在互联网公布裁判文书的规定》，明确提出了裁判文书网上公开的要求，大大加快了审判公开的进程。随着审判公开化程度日益提高，对法官对证据的认证、说理提出了较高的要求，具体表现为“一举一质一认”的认证方式。这就要求在人民法院公开的裁判文书中，不能仅仅对各类证据进行列举，而要讲清楚认证过程及认证理由，展现法官审查案件证据以达到内心确信无疑的分析过程。通过对中国裁判文书网的刑事判决书进行随机抽取和分析发现，有 9.75% 的刑事判决书对电子数据不予认证并没有说明具体的原因。之所以如此，笔者认为，除了法官专业能力因素外，有意回避责任也是其中的重要原因。有些案件中，基于完整的证据链条，可以根据认定的案情事实对被告人进行定罪量刑，但对于单一的证据进行认证可能存在说理不清和论证不足的问题，这样就很有可能在文书上网公开之后招致不必要的麻烦。在当前的审判考核体系下，面对裁判文书公开的压力，再加上电子数据认证规则缺失，法官为了降低因单一证据的认证论理不清而导致的发回改判率，自然是会选择一种比较稳妥的方式，尽量做到言简意赅，特别是对于电子数据更是一笔带过，尽管给人一种云山雾罩之感，但至少不会因证据论理存在不妥导致被上级法院发回改判，这也是在繁重的结案任务压力之下，法官的“无奈之举”。

三、实现路径：完善电子数据的认证规则和辅助手段

随着科技和互联网的迅猛发展，电子数据在刑事审判中的作用必将越来越凸显，应充分认识电子数据的科学规律及其重要意义，明确电子数据认证规则体系，并辅助以相应的手段，让法官对于电子数据的认证能够把得严、立得住、说得清。

（一）制定详细的电子数据认证规则

第一，明确具体的认证标准。电子数据的认证标准是指要明确电子数据的可采性标准。证据具备真实

性、关联性和合法性才能作为定案的依据。对于电子数据，关联性在很大程度上是一个事实问题，电子数据是否具有关联性与传统证据相比并无特殊性，判断电子数据的可采性主要从合法性和真实性两个角度来把握。对于合法性，要明确非法获取电子数据的情形，例如通过窃取、非法搜查、扣押等获得的证据属于非法证据；对于真实性，“从国外实践来看，解决电子数据的真实性主要通过四种方式，即自认方式、证人具结方式、推定方式与鉴定方式。”对于这些国际先进立法经验，我们完全可以予以吸收借鉴，明确认证规则，逐步建立完善的电子数据可采性判断标准。对于一份电子数据，如果满足了真实性的条件，且不符合非法证据应当予以排除的情形，就可以作为庭审证据呈现。对于真实性条件，目前刑事审判实践中多通过审查侦查机关制作的电子数据（物证）检查（提取）笔录判断，法官应重点做以下认证工作：一、被告人是否认可电子数据；二、公诉机关提交的电子数据检查（提取）笔录中是否有证明计算机系统处于正常状态的内容；三、有无其他证明电子数据真实性依据。如果满足上述条件之一，则应认可其真实性，如果不能满足，则考虑进行电子物证司法鉴定。

中，不可读数据的真实性高于只读数据，只读数据又高于可编辑数据；在系统数据中，多维数据的真实性高于二维数据，联网数据往往又高于单机数据。法院对证据真实性的审查包括对证据来源和证据内容的审查，即根据电子数据形成的时间、地点、对象、制作人、制作过程及设备情况，明确电子数据所反映的是否真实可靠，有无伪造和删改的可能。

根据电子数据需要存储在介质中的特征，庭审过程中以电子数据作为证据的，需要同时提交可移动的存储介质和电子数据内容的打印件。例如，侦查机关以拍照形式提取手机短信作为电子数据，法院往往不会接受。此时应该提交的是电子数据存储的手机，或者具有手机存储功能的 SIM 卡、SD 卡。侦查机关通过“拍照”提取的电子数据，相当于电子数据内容的打印件。对于瑕疵电子数据，法院应允许公诉机关对证明力进行补强。虽然法律没有明文规定允许控方对举证的证据进行证明力的补强，但是司法实践中，法院往往会运用经验法则，参照物证、书证的“补正”规则允许控方对法定形式不适格的证据进行证明力的补强。

另外，案件发生以后，用拍照的方式提取短信，仅仅是展示了电子数据的内容，其不是直接在案发现场产生的书证，也不是传来证据，本身不具备证明力。这就需要提请法官注意，作为定案的电子数据，一般产生于诉讼开始之前，犯罪实施过程之中。如果是在刑事诉讼启动之后，侦查机关为了收集、固定和保全证据而制作的电子数据不属于电子数据。但是该电子数据用于证明取证过程是否合法时，是属于电子数据的。另一方面，很多人认为电子数据不稳定，很容易被伪造、变造，其实不然。通过大量国内外案例中电子数据的认证发现，只有孤立的电子数据是可以被篡改或删除的，但是对电子邮件、电子数据交换、网上聊天记录、网络博客、手机短信、电子签名、域名等并非孤立的电子数据（所谓非孤立是指电子数据是系统存在的，在存储介质中以系统文件、数据库文件、）进行伪造、变造而不留痕迹，其实很难。

（二）构建电子数据认证的多元化科学辅助体系

第一，司法鉴定辅助。根据现有法律法规，我国对电子数据的规则初步设定为：以法院自由裁量权为主和以存疑电子数据的司法鉴定为辅。根据证据法原则，在证据之间形成闭合锁链之前，单个证据自身往往先要形成一个内部的“小锁链”来实现自我证实。对电子数据有疑问的，应当进行鉴定。同时对于司法鉴定的瑕疵电子数据应该注意鉴定意见只是一种专家证言，也要接受质证。

第二，法官调查取证辅助。在电子数据认证过程中，法官进行必要的庭外调查核实证据，是因其审判义务而负担的一种查证责任。法官对于瑕疵的电子数据进行调查取证无疑可以完成瑕疵电子数据补正和证明力补强，有助于案件事实的查明。司法实践中，如何把握法官主动调查取证的具体情形，既保持审判者居中裁判，又避免影响案件事实的查明，在形式多样的电子数据面前，还需进行进一步的理论探讨和实践探索总结。根据电子数据的三个基本原则：相关性，可靠性和充分性，这三项原则对于电子数据的调查很重要，不仅仅局限于法院对电子数据的认证。当要证明或者反证正在调查的具体案件中的一个元素，电子数据是相关联的，也就是法官认为的“确保电子数据是它所声称的”。但是电子数据现场取证人员并非总是需要收集所有数据或对原始电子数据做完整镜像，在我国法官的认知中电子数据的充分性概念是指电子数据现场取证人员需要收集足够的潜在电子数据来使案件中所有要素被充分检查或调查。基于此，法官在对电子数据处理的四个方面进行核实：可审计性（可审核性）、合理性和特定情况下的重复性或再现性。

可审核性是通过正确记录所有独立的评测人或其他授权有关方应能评估电子数据现场取证人员和电子数据鉴定专家进行的活动。法官对于有异议的取证过程应该调查取证电子数据的可审核性，即电子数据现场取证人员和电子数据鉴定专家执行的流程应可获取并进行独立的评估，以确定是否采取了适当的、科学的方法、技术或步骤。

可重复性是指在使用相同的测量程序和方法，在相同的条件下使用相同的仪器，在原始的测试后，可以在任意的时候重复，法官对于有异议的电子数据展示结果可以要求电子数据现场取证人员证明获取过程是可靠的，例如调取为实现可重复性而采取的质量控制和文档记录过程。

对于电子数据正当性的异议，电子数据现场取证人员为了证明处理的潜在电子数据是正当的，即处理潜在电子数据的所有识别、收集、获取和保存等行动和方法的正确性，法官在调查取证的时候可以要求成功再现来验证电子数据的正当性。

第三，专家证人辅助。《刑事诉讼法》第一百九十二条第二款规定："公诉人、当事人和辩护人、诉讼代理人可以申请法庭通知有专门知识的人出庭，就鉴定人作出的鉴定意见提出意见"。这实际上是英美法系中的专家型诉讼辅助人制度。在认证电子数据过程中，邀请有关专家证人进行辅助，提供必要的咨询意见，既能够有效辅助法官对电子数据进行辨识和认证，又有助于定分止争、案结事了。根据以上论述，法官在调查取证对于存疑的地方均可以请专家辅助人对专门性技术问题进行解疑答惑，当事人也可以请专家辅助人对有异议的电子数据的技术性问题进行审核。对于电子数据这种高科技属性的证据，请专家辅助人进行技术性审核，在法庭质证的过程中应该成为常态，这有利于查明案件事实，提高审判质效。

（三）完善裁判文书中电子数据的认证、说理制度

随着互联网+时代的到来，人们生活的每一步都离不开电子科技。在很大一部分案件中，许多犯罪行为都会在网络或者电子数据中留下蛛丝马迹。由于电子数据系特定的计算机语言生成、存储于特定的系统

之中，具有很强的可溯性，通过科技手段对其解码分析，可以成为查清案件事实的有力工具。因此，对于对定罪量刑具有重要意义的电子数据，应当参照其他证据规则，严格落实一物一证，对其认证过程以及证据的证明力、证明结果进行详细的说明，从而让认定的事实排除一些合理怀疑，避免冤假错案的发生。

4.【审判实务研究】

共有不动产执行问题探析

北京市第二中级人民法院　胡建勇

编者按：人民法院在执行过程中，经常涉及到需要执行被执行人的不动产存在与他人共有的情形，这就要求法院在保障债权人权利实现的同时，还要兼顾其他人合法权益的保护。我国目前关于共有不动产执行问题的规定过于简单，覆盖面太窄，导致在实际操作过程中，不同法院以及不同的执行人员存在不同的理解。本文结合司法实践，对共有不动产执行问题进行了剖析，并提出了意见建议，具有一定的借鉴意义。

一、共有不动产执行案件的基本现状

（一）共有不动产的界定

共有是物之所有权的一种形态，是指两个或两个以上之权利主体共同享有一个财产所有权的法律状态。各国和各地区对共有的立法不尽一致。依据我国《民法通则》《物权法》及其他民事法律规定，共有分为按份共有和共同共有。

共有不动产指两个或者两个以上的权利主体对同一不动产享有所有权。从共有的形态看，共有不动产可以分为按份共有不动产和共同共有不动产。

（二）共有不动产的执行特点

当前涉共有不动产执行的案件呈现存在如下几个特点：

1. 涉共有不动产执行的案件数量日益增多、所占比例较大。随着社会经济的发展，不动产价值的快速增长，涉及不动产的执行越来越多，与此同时，人们对不动产的占有方式也发生了很大的变化，原先一人享有一财产的形式较多，而现在许多人因为家庭、婚姻、继承或者因为经济利益而共同享有某一不动产的情形有所增加。从调查情况看，法院在处理涉不动产的案件中，以执行共有房产或土地使用权所占的比例达到了 15% 左右。

2. 案外人异议的数量较大。案外人异议是为了保证案外人财产不受非法执行而设计的以救济案外人的一项法律制度。实践中，案外人异议制度确实发挥了一定作用，但数量并不是很多。然而，在涉共有不动产案件的执行中，其他共有人提异议的情况十分普遍。而该案外人异议的处理结果直接涉及到执行不动产的处分，故法院一般只能等待案外人异议处理结束后才能启动执行程序，严重影响了案件的顺利执行。

3．涉及共有不动产的执行对社会稳定影响大，存在不稳定因素。共有财产的执行因涉及他共有人的切身利益，实践中，共有不动产往往价值不菲，而有时被执行人除了一共有不动产外，几无其他财产可供执行。而且其他共有人亦主张该房屋为其唯一住房，那对该共有不动产可否执行？一旦法院对该共有财产进行执行，极易将矛盾集中法院，引发缠诉闹访。

二、共有不动产执行中存在的问题

目前，随着不动产的价值迅猛增长，不动产执行成为执行案件的焦点，共有不动产的执行也随之增多。通过案件的调查，笔者发现共有不动产执行过程中，主要存在以下三方面问题：

（一）执行共有不动产的法律依据缺乏，可操作性不强。当前我国尚无强制执行法，法院强制执行的法律依据主要是我国民事诉讼法及最高人民法院关于强制执行的有关司法解释，与执行案件受理、查封、冻结等规定相比，现行法律法规对共有不动产可否执行、如何执行则未作细致规定，实务中碰到诸多困难，法官的认识存在分歧，操作方式不统一，“摸着石头过河”现象比较普遍。具体而言，法律问题集中体现为如下五点：

第一，不动产的权属难以确定，涉案不动产是否属于被执行人及其他共有权人共有，实践中操作认定比较困难。共有不动产在执行过程中，通常反映为两种情形，一是不动产仅登记在被执行人名下，存在其他共有权人，此时该共有权人如何确定；二是不动产仅登记在案外人名下，没有登记在被执行人名下，被执行人是否属于共有权人，应如何确定，这些都是实践中容易出现的困惑和问题。

第二，不动产的共有份额如何确定。如果不动产登记簿未载明各共有人的份额时，而申请执行人、被执行人、案外的共有权人对不动产共有份额意见不一致，那此时不动产的共有份额如何确定是焦点所在。是执行法官依法认定还是要求当事人提起确权诉讼另行解决，确权诉讼的原被告如何确定？

例如，北京某机械公司诉重庆某工贸公司、方

×、付 × 买卖合同纠纷执行案，被执行人方 × 名下在重庆有一套别墅，被法院查封，但该别墅的产权证登记在方 × 及方 × 之女名下，但方 × 父女之间的共有份额没有确定，此时，如何执行该房产，如何确定房产的份额，执行法官存在不同认识。

第三，被执行人共有的但未登记在其名下的不动产如何查找和认定？能否直接确认被执行人配偶名下的不动产为被执行人的共有不动产并纳入执行程序？实践中法院直接查找被执行人配偶名下的不动产比较少，直接执行的更少。

例如，李 × 与张 × 借款合同纠纷执行一案，申请执行人李 × 依据生效判决向法院申请执行，执行标的为 30 万元。执行法院未查到张 × 有可供执行的财产，但根据申请执行人提供的财产线索，发现张 × 妻子张 × 名下另有一套 90 平方米的房屋。经执行法院查实，本案借款纠纷发生在张 × 与其妻张 × 夫妻关系存续期间，该套房屋亦属张 × 夫妇夫妻关系存续期间取得的共有财产，执行法院遂对该套房屋予以查封。现申请执行人李 × 要求法院依法对该房屋及时评估、拍卖，以实现其债权。

实践中执行法官主要存在两种分歧意见：第一种

观点认为，首先需要对该共有房产析产、分割，然后再进行司法处置。其依据是《物权法》第九十九条的规定，共同共有人对共有财产基于重大理由需要分割时可以请求分割；第二种观点认为，由于该房产购买于李×、张×夫妻关系存续期间，应认定为夫妻共有房产，法院可直接执行未诉一方的不动产。法院最终采纳了第二种观点，直接执行了被执行人配偶名下的共有不动产。

第四，共有不动产在执行时是否及于不动产的全部，是先分割共有物然后进行执行程序，还是直接进入执行程序，共有不动产变现后，被执行人名下份额的款项进行执行冲抵申请执行人的债权，属于共有人的份额下的款项退还给案外的共有人。实践中，这两种观点各执一词。前述案例也存在这种分歧意见。

第五，案外的共有人是否对该被执行人名下不动产享有优先购买权，其权益如何保障？

（二）通知共有人到庭的难度较大。被执行人难找是困扰执行法院执行工作的老大难问题之一，而在涉共有不动产案件的执行中，通知共有不动产的其他共有人到庭则又成了另一难题。实践中，由于案外的其他共有人一般与被执行人关系较为紧密，因而难免在被执行人的教唆之下，故意避而不到庭，而其他共有人又不是本案的执行当事人，法院难以查找和传唤，法院一时又无法使用强制措施，致使执行案件被长期耽搁。

（三）共有不动产的变现、腾退难度大。由于共有不动产的价值较大，又关系其他共有人的利益，因而在执行中，常遇到其他共有人抗拒执行的情况，外界干预执行的情况也时有发生。如市第二中级法院在拍卖通州区某别墅时，物业公司在被执行人的授意下，提出如有人拍买，将实施断水断电改造等措施，导致三次拍卖均流拍。即使不动产依法拍卖变现了，在交付过程中，房屋的清场腾退也是法院执行的老大难问题。

上述三方面问题中，第一方面问题目前尤为重要且紧迫，下面笔者围绕共有不动产份额确定及优先购买权作进一步阐述。

三、共有不动产份额的确定及其程序

由于在按份共有不动产中，各共有人的份额已经确定了，故在执行程序中不存在按份共有不动产份额的确定或者分割问题。需要在执行程序中确定共有不动产的份额，指向的是共同共有不动产的分割，即为对共同共有的不动产份额的分割。从理论上看，共有物份额的确定，既产生物之权利的变动，属于处分行为之一种。在共有人对处分共有物无法达成一致意见时，就涉及到共有物的份额分割问题，因此，首先要解决分割请求权的归属问题，这里可能存在一个确权之诉，即谁可以成为确权之诉的原告，谁可以成为确权之诉的被告。其次，需要解决即共有人是否具有分割份额的请求权，依何种方式进行确定份额。是必须通过确权之诉，还是执行法院可以直接行使自由裁量权。

（一）关于分割份额的请求权

共有物分割份额请求权，是指各共有人以单方面的意思表示，请求其他共有人确定共有物各自份额的权利。《物权法》第九十九条规定："共有人约定不得分割共有的不动产或者动产，以维持共有关系的，应当按照约定，但共有人有重大理由需要分割的，可以请求分割；没有约定或者约定不明确的，按份共有人可以随时请求分割，共同共有人在共有的基础关系丧失或者有重大理由需要分割时可以请求分割。因分割对其他共有人造成损害的，应当给予赔偿”。关于共同共有财产，多数国家和地区的民法以及我国的传统民法均认为共同共有人不得请求分割，以保持共有关系。我国《物权法》对此有一定突破，规定共有人约定不得分割共有财产的，应当按照约定，但共有人有重大理由需要分割的，可以请求分割。没有约定或者约定不明确的，共同共有人原则上不得请求分割共有财产，只有在共有的基础丧失或有重大理由需要分割时才可以请求分割。据此，在执行过程，共同共有不动产的份额分割，即应属于重大理由，当事人可以提出分割份额的请求权。

（二）关于分割份额的确权之诉中原告与被告的地位问题

一般情况下，分割共有物份额的确权之诉中，原、被告应由各共有人来担任。因为此时，各共有人对共有物的份额存在纷争，共有物的利益之争只发生在各共有人之间，也不存在侵害第三人的问题。

但在执行程序中，分割共有物份额的确权之诉与一般情况下共有物分割份额的确权之诉存在很大差别，具体表现如下：

第一，纠纷起因不同，执行中的确权之诉是依债权人申请引发的执行法院的执行行为，而非共有人之间的权益纷争；

第二，案外人的利益关联不同，一般情况，案外人不是共有权人，对共有物不享有任何利益，但在执行程序中，债权人是申请执行人，虽非共有人，但对共有物具有执行的可得利益，被执行人对共有物的份额大小与其债权执行的实现直接相关；

第三，共有人之间的关系不一样，一般情况下的确权之诉，各共有人属于对立关系，针锋相对。但在执行程序中，各共有人可能为了规避申请执行人的执行，串通起来，一致对外，缩小被执行人的共有份额，最小化申请执行人的可得执行利益。

因此，在执行中引发的确权之诉，各共有人之间提起的确权之诉一般不予认可，原则上应由申请执行人作为单独一方当事人参加诉讼，以保障其执行可得利益的实现。实践中，确权之诉如何把握，法律没有明确规定，各地法院做法不一：第一种做法是以申请执行人代位被执行人作为原告，其他共有人作为被告形成确权之诉；第二种做法是由案外共有人作为原告，被执行人作为被告；第三种做法是被执行人作为原告，其他共有人作为被告，而申请执行人作为无独立请求权第三人，形成诉讼。关键分歧在于申请执行人的诉讼地位问题。对此，笔者认为，第二种做法中申请执行人未参与诉讼，有可能被执行人与案外共有人串通损害申请执行人利益，故不宜采用。由于民事案件一般来讲是民不举、官不纠，法院不会主动过问争端。而前述第二种做法和第三种做法中申请执行人均未处于原告地位，难以主动提起确权之诉，不利于纠纷的解决。因此，为防止被执行人拖延诉讼，确保申请执行人权益得到有效维护，法院的第一种做法比较妥当。同时，为维护案外共有人的合法权益，如果案外共有人作为原告，主动提起确权之诉，法院也应当支持，但在以被执行人作为被告的基础上，应将申请执行人列为无独立请求权第三人，即上述第三种做法。当然，申请执行人因为提起诉讼的相关费用，应由被执行人和其他共有人负担。

（三）份额分割方式的确定

《物权法》第一百条规定：“共有人可以协商确定分割方式。达不成协议，共有的不动产或者动产可以分割并且不会因分割减损价值的，应当对实物予以分割；难以分割或者因分割会减损价值的，应当对折价或者拍卖、变卖取得的价款予以分割”。可见，共有不动产共有人请求分割共有物的方式有两种，一为协议分割，一为裁判分割。分述如下：

第一，协议分割。协议分割有节省费用、和谐迅速的效益，故应优先适用。分割共有物，共有人之间能够协商的，按照协商确定分割方式。所谓协商，必须经共有人全体一致同意，即如果有共有人没有参与协商或者某一共有人不同意的，共有人之间就无法达成分割协议。需要明确定的是，即使分割协议达成，但共有人也没有取得分得部分的单独所有权，仅是取得要求履行分割协议的请求权，如果有的共有人不按分割协议履行义务的，其他共有人可以向人法院起诉，请求该共有人按照分割协议履行给付义务。一般情况下，共有物的份额由各共有人协商处理，但在执行程序中，共有不动产的份额协商，为保障申请执行人的可得执行利益，不仅要有各共有人参加，申请执行人也必须参加。即各共有人协商一致份额后，须取得申请执行人的认可，方为有效。

第二，裁判分割。这是共有人和申请执行人不能达成协议分割共有物的补救方法，即确权之诉。

在前述北京某机械公司诉重庆某工贸公司、方×、付×买卖合同纠纷执行案中，各方协商不成，而由申请执行人北京某机械公司代位方×作为原告，以方×之女作为被告，提起确权之诉，确定方×、方×之女各占有50%的份额，法院最终执行完毕该房产。

四、实现优先购买权的程序与实体问题

对于共有不动产在强制执行程序中的优先购买问题，国外的立法例中存在肯定与否定两种观点。持否定观点如《德国民法典》第512条（强制执行和破产时的排除）规定，“以强制执行的方法或由破产管理人进行出卖的，排除先买权”，不承认在强制执行中有先买权的存在。持肯定观点如我国的澳门特别行政区的《澳门民事诉讼法典》第七百八十七条（对优先权人之通知）规定，执行机构在转让财产时，须通知享有优先权人财产转让的时间、地点等；如未通知的，则产生《民法典》就私人出卖财产时未作通知或未预先告知优先权人规定的后果。

对其他共有人是否对共有不动产享有优先购买权问题，在我国实务中存在一定争议，我国现行法律对此未作明确。但《民法通则》第七十八条第三款规定，“按份共有财产的每个共有人有权要求将自己的份额分出或者转让。但在出售时，其他共有人在同等条件下，有优先购买的权利。”《最高人民法院关于贯彻执行〈中华人民共和国民法通则〉若干问题的意见（试行）》第92条也规定，“共同共有财产分割时，一个或数个原共有人出卖自己分得的财产时，如果出卖的财产与其他原共有人分得的财产属于一个整体或者配套使用，其他原共有人主张优先购买权的，应当予以支持”。

从上述规定可知，在强制执行程序中对其他共有人享有的优先购买权也应予以保护。因为强制执行的拍卖，其程序虽与普通买卖不同，但也是买卖的一种，自应遵守民法通则等法律关于优先购买权保护的规定。执行实践中，持肯定观点者居多数。

具体优先购买权的程序把握时，法院在执行中应注意如下四点：一是执行法院在拍卖该共有不动产前，应做到提前通知其他共有人，并限其在一合理期限内表示是否愿优先购买；二是执行法院发现对其他共有人无法通知的，应作出公告通知，并在适当的场合张贴该公告通知；三是其他共有人接到通知后，逾期未表示的或经公告通知后其他共有人仍不到场的，视为对其享有的优先购买权放弃，不影响本次拍卖；四是其他共有人欲行使优先购买权的，可在拍卖日到场，在拍定时主张以同一价格优先购买；五是顺序相同的多个优先购买权人同时以最高应价表示买受的，以抽签方式决定买受人。

对于执行法院应予通知其他共有人行使优先购买权而未通知，拍卖效力如何？实践中不无争议。有的主张，因其未保护他共有人的优先购买权而应宣布该拍卖行为无效。笔者以为，强制拍卖作为执行法院的一执行行为，具有公法性质和公信力（该公信力应强于一般公信力），竞买人取得该拍卖标的属原始取得。因而，执行法院在强制执行中虽未通知其他共有人行使优先购买权，也不能影响竞买人取得该拍卖标的的所有权。

五、解决共有不动产执行问题的对策和建议

通过调查，笔者对上述问题进行了梳理和分析，结合执行工作实际，就共有不动产的执行提出了如下对策：

（一）在法院内部，加强法院执行机构与审判机构的工作衔接。执行中的确权之诉需与审判庭相互对接，协调执法。在具体执行工作中，明确其他共有人对共有不动产的执行具有协助执行义务，法院可以在其不配合依法采取强制措施，确保案件的顺利执行。

（二）在法院外部，加强执行法院与不动产管理部门的衔接，联动执法，一方面完善不动产共有的约定和登记，另一方面共有不动产的登记与法院的查询、查封相衔接，确保申请执行人权益的实现。

（三）完善共有不动产执行的立法规范。应当看到，我国对涉共有不动产执行的法律规定不完备，执法上也不甚统一，这是影响共有不动产执行的关键所在。因此需要从立法上加以完善，建议在我国制定《强制执行法》或者相关立法中，明确共有不动产的执行程序，详细规定共有不动产执行的立案标准、共有

不动产的份额确定、优先购买权、拍卖、变现等程序。具体立法建议有如下四点：

1. 对于被执行人名下的房产，其配偶等相关权利人有权主张共有权，相关权利人对不动产的权利及其份额由申请执行人、被执行人、其他共有人协商确定，如协商不成，共有不动产的执行应予中止，而由申请执行人代位被执行人作为一方当事人，由享有共有权的相关权利人作为对方当事人，提起确权之诉，待确权之诉结果确定后，申请执行人可以申请恢复执行，法院应以确权之诉的结果为依据，继续执行。

2. 对于被执行人配偶名下的房产，申请执行人可以代位被执行人主张共有权。被执行人对不动产的权利及其份额由申请执行人、被执行人、其他共有人协商确定，如协商不成，共有不动产的执行应予中止，而由申请执行人代位被执行人作为一方当事人，由享有共有权的相关权利人作为对方当事人，提起确权之诉，待确权之诉结果确定后，申请执行人可以申请恢复执行，法院应以确权之诉的结果为依据，继续执行。

对于登记在配偶以外其他案外人名下，但有证据证明被执行人享有共有权的不动产，其确权之诉参照前款规定。

3. 共有不动产的执行及于不动产的全部，其他共有人不得以其对不动产享有共有权或者份额大小抗拒执行。

4. 在共有不动产的份额确定后，法院对该不动产整体进行评估拍卖，在同等条件下，其他共有人对该不动产享有优先购买的权利。

5.【审判实务研究】

单位发生拒执行为时采取间接强制执行措施适用对象的实务探讨

北京市朝阳区人民法院　李金雷

编者按： 为破解“执行难”问题，打击“老赖”，我国规定了拘留、罚款、限制出境、限制高消费及“失信名单”等间接强制执行措施，这已经成为解决“执行难”的一剂良方。但对于这些间接强制执行措施的适用对象，在司法实践中有不同的理解。本文从执行实务出发，对这一问题进行了较为系统的梳理和分析，具有一定的借鉴和参考价值。

一、间接强制执行措施适用对象立法现状及存在的问题

依照《中华人民共和国民事诉讼法》(以下简称《民事诉讼法》）及相关司法解释的规定，我国间接强制执行措施种类主要包括拘留与罚款、拘传、限制出境、限制高消费、支付迟延履行利息（金）、在征信系

统记录、通过媒体公布不履行义务信息。我国法律及司法解释对不同间接强制执行措施，规定了不同的适用对象。

（一）间接强制执行措施适用对象的立法渊源

我国现行的执行立法未采取单独立法的模式，尚未制定一部独立的强制执行法，有关执行的立法内容主要规定在《民事诉讼法》以及最高人民法院有关执行的司法解释，有关间接强制执行措施的内容，随着我国《民事诉讼法》不断修改以及司法解释修改或确立。1982 年《民事诉讼法》第七十六条、第七十七条规定了拘传、拘留和罚款措施，但这是在对妨害民事诉讼的强制措施这一章节的规定，并不涉及执行程序，且对被执行人为单位的拘留和罚款的适用对象未做规定。1991 年《民事诉讼法》第一百零二的规定“拒不履行人民法院已经发生法律效力的判决、裁定的”成为执行程序中拘留和罚款的适用条件，并将单位的拘留和罚款的适用对象确定为主要负责人或者直接责任人员。1998 年《最高人民法院关于人民法院执行工作若干问题的规定（试行）》第九十七条规定，将拘传措施适用于执行程序，并将单位的适用对象确定为法定代表人或者负责人。2015年2月4日出台的《最高人民法院关于适用〈中华人民共和国民事诉讼法〉的解释》(以下简称《民事诉讼法解释》）第四百八十四条，将单位的拘传适用对象增加了实际控制人。2007《民事诉讼法解释》第二百三十一条规定新增加了限制出境这一间接强制执行措施，2009年1月1日起实施的《最高人民法院关于适用〈中华人民共和国民事诉讼法〉执行程序若干问题的解释》第三十七条规定，将被执行人为单位的限制出境的适用对象确定为法定代表人、主要负责人或者影响债务履行的直接责任人。2010年7月1日，最高人民法院以《关于限制被执行人高消费的若干规定》司法解释形式确立了限制高消费这一间接强制执行措施，其适用对象与限制出境一样，为法定代表人、主要负责人或者影响债务履行的直接责任人。

（二）间接强制执行措施适用对象立法存在的问题

一是不同类型间接强制执行措施适用对象范围不同，相互之间缺乏逻辑性。如前所述，拘留和罚款、拘传、限制出境和限制高消费措施这三类间接强制执行措施的适用对象，即相互重叠又各不相同，而我国法律没有对其内涵作出明确规定。尤其将“法定代表人、主要负责人、负责人”相关法律条文放在一起看时，让人不明所以，没有逻辑性。法定代表人与主要负责人什么关系，主要负责人与负责人是否是一个含义。直接责任人与影响债务履行的直接责任人又是什么关系，不甚明确。

二是间接强制执行措施适用对象无明确界定，范围不够具体、精细。不同类型的间接强制执行措施适用对象，除法定代表人之外，其他的适用对象范围，我国法律、司法解释无明确具体的细则，导致执行实践中无据可依，更没有具体的认定标准与程序，纵使执行人员根据各案具体情况发挥自由裁量权，亦存在诸多争议与弊端，很可能造成在同一种情况下，对被执行单位相关人员采取强制执行措施时出现迥异的结果，致使司法公信力下降。

二、对间接强制执行措施适用对象的系统梳理与架构

笔者通过对我国法律及司法解释的规定一一进行梳理，并根据自身执行实务，提出个人意见，形成对有关间接强制执行措施适用对象较为直观系统的梳理与架构。

（一）法定代表人

法定代表人是指依法律或法人章程代表法人行使职权的负责人。我国实行单一法定代表人制，具有唯一性，以工商登记为准即可。《民法通则》第三十八条规定，依照法律或者法人组织章程规定，代表法人行使职权的负责人，是法人的法定代表人。

（二）主要负责人

单位的主要负责人，为本文重点探讨之处。笔者认为，单位的主要负责人，应当根据不同情况进行区别理解。

1. 限制出境和限制高消费措施适用对象的主要负责人，应当专指“其他组织的”的主要负责人。根据具体法条语境进行字面理解，《最高人民法院关于适用〈中华人民共和国民事诉讼法〉执行程序若干问题的解

释》第三十七条规定“被执行人为单位的，可以对其法定代表人、主要负责人或者影响债务履行的直接责任人员限制出境。”该条文表述“主要负责人”明显与“法定代表人”为并列关系，并无递进之意，与法人的法定代表人相互对应，指代表不具备法人资格的其他组织行使民事权利、履行民事义务的代表人。通览《民事诉讼法解释》，“主要负责人”除在规定拘留和罚款措施特殊外，在其他条款里均专指其他组织的主要负责人，系为民事审判程序和执行行为顺利进行的保障性规定，保障实体权利的实现。如《民事诉讼法解释》第四十八条规定，“……法人由其法定代表人进行诉讼。其他组织由其主要负责人进行诉讼。”第二百四十五条规定，“人民法院查封、扣押财产时……被执行人是法人或者其他组织的，应当通知其法定代表人或者主要负责人到场……”。因此，不应作扩大解释，即“主要负责人”专指其他组织的主要负责人。

2. 拘留和罚款措施适用对象的主要负责人，笔者认为应当包括法定的主要负责人和事实上的主要负责人。法定的主要负责人即法人的法定代表人或者其他组织的主要负责人。事实上的主要负责人是指主持单位全面工作具有最高决策权的实际负责人。有观点认

导，现场只是围观驻足的，应当进行训诫等较轻处罚，不宜采取拘留或罚款措施。

（四）负责人

负责人是拘传措施的适用对象，其在执行程序中的应用，《民事诉讼法解释》并未规定，是1998年《最高人民法院关于人民法院执行工作若干问题的规定（试行）》将其确定的。那么，“负责人”如何理解？其与《民事诉讼法解释》以及其他司法解释的“主要负责人”内容是否一致，还是另有含义？笔者认为，拘传措施适用对象“负责人”与“主要负责人”内涵一致。从法理上讲，执行拘传，是以强制方法强使债务人到执行法院，以吓阻债务人不合作行为。拘传作为一种强制措施，系以强制方法直接针对个人人身自由的限制措施，其在实质上与拘留和罚款措施无异，适用时应十分慎重。我国法律规定了同样严格的审查程序，报院长审批。台湾强制执行法中，拘提的适用对象。法人或非法人团体之负责人或独资商号之经理人，亦与管收一致。另外，从字面理解，拘传的适用对象为法定代表人或负责人，二者应为对等关系，被执行人的法定代表人适用于企业法人，负责人适用于其他组织。综上，“负责人”与“主要负责人”含义一致。表述所以不同，是为不同时期不同位阶法表述之不同。

（五）实际控制人

实际控制人是拘传措施的适用对象，系《民事诉讼法解释》所新增加内容，被执行人是法人和其他组织均可适用，是对拘传措施适用对象的补充规定，扩大了拘传措施适用对象范围。拘传制度目的在于保障法院调查询问权的实现，在执行程序中查清被执行人财产状况、履行能力和案件事实，对于案件执行有很大推进作用。但新司法解释未对实际控制人的范围进行明确界定或者列举，实践中目前也鲜见应用。笔者认为实际控制人的范围，可以根据拘传制度目的和立法精神加以认定，即指虽不是单位法定代表人或主要负责人，但通过控股、协议或者其他安排，对单位实际经营管理、能够支配公司行为的人，包括大股东、经理、经营场所的负责人等。

（六）影响债务履行的直接责任人员

限制出境措施，是2007年《民事诉讼法解释》

新增加的间接强制执行措施。关于限制出境措施的对象，《民事诉讼法解释》并未规定。2008年《最高人民法院关于适用〈中华人民共和国民事诉讼法〉执行程序若干问题的解释》的出台，将单位限制出境对象范围予以适当拓宽，规定为法定代表人、主要负责人或者影响债务履行的直接责任人员，加大了执行力度，对债权的实现更加有利。显然，影响债务履行的直接责任人员不限于被执行单位的法定代表人或者主要负责人。限制出境措施的目的主要是通过限制被执行单位相关人员出境，影响正常办公，压缩生活空间，防止其恶意逃避执行，为执行提供保障，促使被执行人主动履行。另外，限制出境虽具有一定的制裁性，但其强制力要远轻于拘留、罚款、拘传，从法理上讲限制出境的对象范围可以更宽。因此，从字面及法理上讲，只要是对债务履行有直接影响的单位相关人员，就可以被限制出境。笔者认为，影响债务履行的直接责任人员，包括单位的实际控制人、股东、董事、经营承包人、诉争纠纷主管领导、经理、副经理、财务负责人、上市公司董事会秘书以及公司章程规定的其他高级管理人员。

6.【审判实务研究】

连带责任案件执行中疑难问题研究

北京市石景山区人民法院课题组

编者按： 执行实践中，对连带责任案件的执行存在执行对象、执行次序不统一，执行方法不规范等问题，本文对连带责任案件执行中疑难问题进行了研究，对相关问题的解决提供了有益的启发和思考。

连带责任属于共同责任中的一种，是指依法律规定或者当事人之约定，具有一定民事法律关系的两个或者两个以上当事人对其共同债务、共同民事责任或他人债务、他人的民事责任全部承担或部分承担，并能因此引起其内部债务关系的一种民事责任。连带责任属于民事法律责任的范畴，反映了数个责任主体在责任关系上的相互牵连。依据的是责任人承担责任的先后顺序，可以将连带责任分为一般连带责任和补充连带责任。一般连带责任是指各责任人之间不分主次，任何一个人都无条件对债务（或责任）承担连带责任。

补充连带责任则是指连带责任人之间责任的承担有先后顺序，只有在第一责任人不承担或不能承担责任的情况下，其他的责任人才承担连带责任。

连带责任执行案件主要存在于在金钱给付类案件，主要包括刑事附带民事、保证合同、侵权案件等，在物的交付、行为案件中也存在部分连带责任案件。连带责任案件耗时比较长，矛盾纠纷多的特点。据统计，2009 年石景山法院连带责任执行案件为 88 件，2010 年 为 98 件，2011 年 为 101 件、2012 年 为 139 件、2013 年为 142 件。2009 年至 2013 年，连带责任案件呈逐年增多的趋势，与整体案件比例比较持平，石景山法院执行的案件为 8459 件，连带责任案件为 568 件，连带责任案件约占整体案件 6.7%，其中补充连带责任案件为 83 件，存在终局责任的案件为 98 件。

较之于普通案件，连带责任案件执行时间更长，这 568 件连带责任案件平均执行时间为 91 天，高于普通执行案件的平均执行天数 60 天。这 568 件连带责任案件中补充连带责任案件约占 15%，虽然补充连带责任案件在连带责任案件中比例较小，但是法院认定主债务人无履行能力没有明确标准，次债务人往往不太认可法院的认定，易引起当事人的信访。

一、连带责任案件执行的问题分析

（一）连带责任之间相互推托导致日益增多的强制执行行为

在司法实践中，存在一种怪象，对方承担连带责任的债权人的权利反而难以维护，更多的需要诉诸于法院强制力才得以实现。连带责任案件进入执行程序的比例远大于单一责任案件进入执行的比例。究其原因主要是承担连带责任的责任人之间更倾向于相互推托而怠于履行义务，特别是生效法律文书没有明确其内部应承担的具体份额的情况下，这就应验了一句俗话“人人都负责等于人人不负责”，同样当当事人并没有过错，却因特定的法律关系而卷进诉讼并需承担连带责任时，其抵触情绪也是可想而知。由于连带责任追偿的成本比较高，且尚存很大的风险，故责任人之间的推诿不可避免地会发生，所以债权人不得不借助于法院的力量，因而导致了更多的连带责任执行案件，使法院的执行压力日益增加。

（二）无顺位之分的普通连带责任易导致民事执行的随意性

就连带之债的性质而言，无论内部有无顺位份额之分，对外而论连带责任人对连带债务均有全部清偿的义务，在司法实践中，出于对执行效率的追求，法院在执行中常常忽略连带责任人的过错程度、内部份额及其主次先后，基于执行的方便和快捷，随意执行连带责任人的财产，主要表现为：一是在执行对象上急功近利，避重就轻，避难就易；二是执行次序的缺乏，在执行次序上无规则性，只要谁有钱就先执行谁，从不考虑被执行人的或者他们相互之间的利益，从而引发新一轮诉讼，形成讼累和增加诉讼成本，严重影响了司法的公正性和严肃性，并为某些应承担责任的人规避债务负担提供了可趁之机，由此引发一系列不良后果，“这一方面导致法官在执行阶段裁量权的膨胀；另一方面法院基于其任意选择权而可能引发其在执行中的偏向，从而为法官执法的非公正性创造了条件，同时，法官不加选择的执行也会损害连带债务人之间的关系并加剧当事人与法院的对抗。”身处异地的连带责任如何委托执行是一个难题，如果对每个被执行人进行全标的委托，可能会出现超标的执行的情况，如果不全标的委托，法院如何分配被执行人的责任又是一个不好解决的问题，而且可能会影响申请人的权益。

（三）追偿问题易引发新的诉讼

连带责任之任意求偿模式对解决债权人与债务人之间的外部纠纷较为便利，但是却以加重债务人对外责任为其代价，由于忽视连带责任人内部之间的责任顺位及份额的分担，往往导致“案结事不了、息诉争不止”的后果，虽然解决了连带责任人外部问题，却又产生了连带责任人之间的内部求偿纠纷，从而形成循环诉讼，循环执行。综上所述，连带责任制度易从一种公平与效率演变为另一种不公平与不效率。从而说明此制度值得我们进一步反思，现行的执行方式确实存在进一步改良及规范的必要。

（四）补充连带责任执行案件问题多

补充连带责任不同于一般连带责任，其须以连带责任中主债务人不履行或不能完全履行债务为前提，从债务人只在第二次次序上承担补充性的连带责任。补充连带责任执行案件主要存在以下难点问题：

1. 如何确定被执行人主体地位。该类案件在申请执行立案时面临如何确定被执行人的困境，是按照一般连带责任将主次债务人列为共同被执行人；或是先仅将主债务人列为被执行人，在主债务人不能全面履行义务时，通过追加程序将次债务人追加为被执行人或由申请人单独立案要求执行次债务人。两种争论均存在相应的合理性，致使执行立案面临审查困境。

2. 主债务人履行能力如何认定。补充连带责任理论原意在于既充分保障受害人，又体现出责任轻重大小及主次顺位。判项载明次债务人承担责任的前提是主债务人无力履行或不能完全履行债务。主债务人履行能力是交由执行法院判定还是交由社会中间机构认定，若是由法院认定，是依照符合终结本次执行程序条件的“四查”标准；还是依照主债务人单方面口头或书面对履行能力的陈述等标准。因此，主债务人的履行能力认定主体、认定标准等诸多操作性规范存在困境。

3. 如何保障次债务人执行异议权如果将主债务人履行不能的认定交由执行法院依据相应标准判定，此时或是通过追加被执行人，或是由申请人单独立案要求执行次债务人，那么针对法院对主债务人履行能力的认定，次债务人能否提出执行异议，即针对法院认定的主债务人履行能力，次债务人是否具有异议权。申请人认为法院没有穷尽执行措施，或不予认可主债务人履行能力认定结论，其异议性质、行使期限以及处理方式需要明确。

二、连带责任案件执行的对策研究

连带责任涉及到立法、审判、仲裁、执行等环节的一系列实体与程序制度体系。“执行是司法救济区别于古代私力救济的根本体现；同时，它也是审判职能的延伸和最终目的之所在。”因此除了在实体上进行探讨外，相关程序方面的问题也不应被忽视。而在诉讼执行阶段，则需要同时考虑当事人和法院两方面因素，需要兼顾司法的公正和效率，减少司法的恣意、腐败和浪费，在价值取向上，要平衡实体价值和程序价值，兼顾当事人个人利益和司法的社会利益。因此连带责任之任意求偿模式在执行阶段不宜完全适用，必须对其进行适度调整和规制，同时在执行中对法官的自由裁量权进行必要的限制，以求一次性解决连带责任制度内外多层次问题的解决之道。而我国《民事诉讼法》

设定的执行模式基本上是针对单一之债而言的，对连带之债的执行却很少涉及，在此，课题组以理论为先导，以实践为基础，进行一些必要的探讨。

（一）连带责任在强制执行中的价值取向

由于连带责任制度的初衷就是更好的保障受害人的权益，因此在强制执行中要始终维护申请人的权益。而在保障申请人权益的前提下，如何确定连带责任人在执行中的财产承担份额以减少新纠纷的滋生，成为法院强制执行中不得不解决的难题。课题组认为在强制执行中应在维护申请人权益的前提下以尽量减少连带责任人内部追偿纠纷为价值取向，“这不仅是现代社会应有的强调法社会性以及公法利益高于私人利益的原则所致，而且也是追求司法的社会效果，尽力使司法实现定分止争的功能所需。”在这一价值取向的指引下，课题组认为法院执行应首先尊重生效法律文书关于内部责任的划分，在没有明确内部责任区分的情况下，如果被执行人达成了内部约定，法院也应尊重，但这些约定不应影响申请人的权益，亦无对外效力，除非申请人明示认可了该内部份额承担的协定。在生效法律文书没有明确内部份额，当事人也没有达成协议的情况下，应以平均分担为原则，适当考虑责任各方的经济承担能力。

（二）连带责任制度在执行中的具体运用

司法实践中，许多法院在涉及连带责任纠纷的案件执行问题上确实存在着简单、粗糙、无序等不良现象，针对目前我国连带责任制度在执行实践中存在的问题，应寻找对其改良的途径，以期使连带责任法律制度在我国法治建设中得到良性发展，课题组针对普通连带责任执行案件及补充连带责任案件分别提出以下对策建议：

1. 完善普通连带责任案件执行制度

（1）内部追偿实现非诉化。从长远看，连带责任纠纷案件诉讼程序的价值目标关键在于实现内部求偿权的非诉化。即针对连带责任案件无论是审判程序还是执行程序的设置均应以避免内部求偿走上诉讼之路为价值取向。关于内部追偿的实现，有以下三种观点：第一种观点是通过另外提起诉讼的方式。司法实践中，被执行的连带债务人实现其求偿权通常是通过诉讼方式进行的，即在执行完毕后，连带债务人以另行起诉的方式获得补偿。第二种观点是以执行程序通过申请再执行解决。连带责任人中代为清偿或清偿超出其应负份额者，在其向其他未尽清偿责任人追偿时，对方不偿还的，该责任人可以债权人身份依据原判决以及代为清偿或超出清偿的债权凭证直接向人民法院申请执行。第三种观点是通过裁定方式解决，即连带责任人中代为清偿或清偿超出其应负份额者，向该案终审法院请求债务追偿，人民法院经审查后以裁定书的形式确认其追偿的权利和数额再由原审法院执行。课题组认为我国民事执行立法宜借鉴再申请执行方式实现内部求偿。在连带责任人清偿债务后，可以向其他连带责任人追偿其应承担的份额，如果其他债务人不及时偿还其承担份额，承担超过其份额的责任人有权就超过的债务份额直接向人民法院申请执行。申请人携带内部承担份额的生效法律文书及其实际承担份额有效证明向原执行法院申请执行即可，人民法院接到申请后，经审查认定符合法定条件的，可以直接裁定其他连带责任人应承担之份额，逾期不履行的予以强制执行。求偿权不必再通过诉讼方式予以实现，这就大大减轻了连带责任内部求偿的成本。由于判决是执行的依据，执行是判决的落实，而这种内部求偿的非诉讼化实际是需要生效法律文书对内部承担数额的明确界定为前提的，这同样需要对目前连带诉讼制度进行必要的修改，在判决中应明确连带责任人的内部份额。

（2）执行的有序性。在执行过程中，在确保债权人权益充分实现的同时，也要兼顾各个责任人对法律义务的分配，既不能畸轻畸重，也不可随心所欲。在有内部责任的区分情况下，法院应首先执行各个责任人应承担的份额，在部分责任人财产不能清偿其应承担份额的情况下，由其他有清偿能力的责任人分担，但依然以有清偿能力的责任人按其应承担份额分担为原则，适当考虑其他责任人的经济状况进行裁量。在没有内部责任区分，却有最终承担责任人的情况下，比如债务人与承担连带保证的保证人之间，此时应优先执行债务人的财产，只有债务人的财产不足以清偿的情况下，才执行连带保证人的财产，以尽量达到案结事了、息诉止争的效果。在无内部份额之分又没有终局责任人的情况下，此时以连带责任人平均承担为原则，并考虑责任人的经济状况，以求尽快执结以保护申请人的合法权益。

（3）完善连带责任在执行和解中的运用。在执行过程中，如果当事人之间自愿通过执行和解协议对连带责任进行了修改，并且和解协议不影响案外人的权益，法院无疑应尊重这种协定。但是在执行过程中，如部分连带责任人已经依据和解协议完全履行了自身义务，而另外一部分被执行人未依据和解协议履行义务，此时法院是依据和解协议执行还是恢复原判决的执行将事关当事人重大权益。课题组认为在目前的立法中执行和解协议虽然没有强制执行的效力，但是对当事人之间是有约束力的，因部分被执行人已经按照和解协议履行义务，故这部分被执行人已经履行自身的法律责任，无须再承担责任。而对尚未履行和解协议的被执行人应该按照和解协议履行义务，如果不履行义务，对这部分被执行人可以恢复原判决的执行。

2. 健全补充连带责任案件执行制度。因为补充连带责任制度不同于普通连带责任制度，因此在执行程序中设立补充连带责任案件的特别程序。经研究，课题组建议建立完善以下机制。

（1）明确被执行人主体地位。既然补充连带责任制度是依据责任的主次确定了履行责任先后顺序，只有在主债务人履行能力不足时，次债务人承担补充性赔偿责任。因此，在执行立案时，建议先单独要求执行主债务人，在主债务人履行能力不足时，再单独申请执行次债务人，此种做法简化审查程序，提升执行效率。

（2）赋予补充连带责任人以先执行抗辩权。当生效的法律文书中明确了连带责任人之间顺位与份额时，执行法院应严格按照生效法律文书确定的顺位和份额执行，只有在前一顺位确实无法执行或执行不足时，才可执行下一顺序；只有在按份执行无法进行时，即部分责任人确无履行能力或履行能力不足时，才可将该份额未执行部分强制执行其他连带责任人，当前一顺位未被执行时，处于在后顺位的连带责任人得以先执行抗辩权对抗法院的执行。同时赋予次债务人对主债务人履行能力认定的异议权。为了次债务人的权益，应赋予次债务人针对法院对于主债务人执行能力认定提出异议的权利，为了更好地实现该权利，执行法院对主债务人无履行能力的裁定应当送达次债务人。

（3）赋予次债务人申请恢复执行程序权利。理论上讲，次债务人在主债务人暂时不具备履行能力，代为全部或部分履行义务后，日后发现主债务人恢复了履行能力，应当向主债务人追偿，但为了减少当事人诉累，实现求偿权非诉讼化，建议在执行程序中赋予次债务人申请恢复对主债务人原执行程序的权利，切实维护补充连带责任立法价值。

（课题组主持人：万学俭　　课题执笔人：马继雷　吕丽娜）

7.【审判实务研究】

"保证金账户"的执行、救济思路之抉择

北京市密云县人民法院　陈兴 崔道远

编者按：在民事案件执行过程中，当出现被执行人的一般账户里无财产但"保证金"账户有财产的情形时，对该"保证金"账户的法律性质存在不同认识。本文以保证金质押成立要件为基础，提出了执行、救济的逻辑思路，对破解此类案件的执行难题具有一定的借鉴意义和参考价值。

一、问题的缘起——保证金案例涌现

案例一：

申请人北京A银行与被执行人北京清爽商贸有限公司、担保人银鸿担保公司借款合同纠纷一案在执行过程中，HR法院强制扣划了担保人银鸿担保公司在北京B银行的"保证金"165万元并发还A银行。经核查此165万元是银鸿担保公司以担保人身份为北京

华易科贸有限公司等五方借款人在B银行借款而存入。且银鸿担保公司就此分别与B银行签订了五份担保合同和五份保证金协议，并将该五笔保证金共165万元存在以银鸿担保公司的名义开设在B银行的某一账户内。

B银行向HR法院执行局提出执行异议。HR法院执行局审查后认为扣划程序合法裁定驳回异议，后B银行以A银行和银鸿担保公司为被告提起担保物权确认之诉，要求确认B银行对上述165万元享有优先受偿权。HR法院审理后认为银鸿担保公司向B银行交纳的五笔保证金共计169万保证金因存入同一账号，并未实现金钱特定化，质押关系不成立，故判决驳回B银行的诉讼请求。B银行不服，上诉至市第R中级法院。市第R中级法院认为，B银行对银鸿担保公司所担保的每笔保证金与其所担保债权的一一对应关系。同时该账户属B银行内部账户，银鸿担保公司不得随意使用，B银行实际可以控制该账户。符合金钱质押的“特定化”及“移交占有”要求，故撤销HR法院民事判决，确认B银行对上述保证金具有优先受偿权。

案例二：

申请人荣达租赁有限公司与被执行人寿光市金田丰润油脂集团有限公司、寿光宇田丰汇油脂有限公司融资租赁合同纠纷一案在法院审理过程中，MY 法院保全查封了宇田丰汇公司在案外人寿光农商行尾号为 9330 账户中的存款 12830320.84 元，当时账户余额为 2000 万元。

判决书生效后，经查询此账户余额变为 0，又经查询明细得知账户中的 2000 万元在法院冻结期间分 33 笔转入了寿光农商行寿光营业部。法院责令寿光农商行尽快将宇田丰汇公司尾号 9330 账户内的冻结存款予以转回，但其未进行此项操作，而是提出了执行异议要求对此账户的查封予以解除。MY 法院驳回其异议申请，寿光农商行提起执行异议之诉，MY 法院认为银行与宇田丰汇公司未签订质押担保协议，唯一书面证据即承兑协议，但承兑协议里没有确定哪个账户为保证金账户，且从银行内部打印的明细单中可以明确看出尾号 9330 账户内资金的存款类型一栏里注明的是定期，故驳回寿光农商行的诉求。目前寿光农商行已上诉至市第 S 中级法院。

案例三：

合肥市中级法院在审理张大标诉安徽省六本食品有限公司、长江担保公司等民间借贷纠纷一案过程中，对长江担保公司在中国农业发展银行安徽省分行开立的保证金账户内的资金进行了保全并在判决生效后进行了扣划。后市中级法院裁定驳回农发行安徽分行的执行异议。农发行安徽分行提起执行异议之诉，市中级法院认为，长江担保公司与原告农发行安徽分行签订的是合作协议，非质押合同，合同中亦无质押条款，无质押意思表示；保证金账户是长江担保公司开立，在形式上不符合法定的“移交债权人占有”；涉案保证金账户多次存在资金进出账户的情形，不符合法律规定的特定化的要件。故驳回执行异议之诉。

安徽省高级法院认为：第一，双方之间协商一致，长江担保公司需设立专户并按照贷款额度的一定比例缴存保证金；长江担保公司没有履行保证责任，农发行安徽分行便具备了从专户中扣划相应款项进行优先受偿的权利。所以合意符合质押合同的一般要件。第二，保证金专户开立后，长江担保公司已按要求缴存保证金，该账户亦未作日常结算使用，符合金钱以特户形式特定化的要求。第三，涉案账户在使用中，账户内资金根据业务的发生虽处于浮动状态，但均与保证金业务相对应，故仍符合特定化的要求。

对于指导性案例的效力，最高人民法院的立场明确，“各级人民法院在审判类似案件时应当参照，并可以作为裁判文书的说理依据加以引用”，其它任何形式的案例则无此明确、权威的裁判指导作用。指导性案例由于特有的“应当参照”之价值，由指导性案例裁判理由衍生而来的裁判规则自然拥有了一般性效力。通过上述最高人民法院公布的案例，我们可以得出一些具有指导性的裁判规则用于以后的审判中。

小结：

三个案例的共同点：1. 此类案件的焦点问题是银行对涉案账户的资金是否享有质押权。根据现有法律规定，如果银行主张的质押权能够成立，则法院在执行过程中只能冻结，而不能扣划该账户资金；如果不成立，银行对该账户资金不享有优先受偿权，法院在执行过程中可以直接扣划账户资金。2. 此类诉讼案件无一例外地发生在执行过程中，可以说是“执行引发的诉讼”，但绝非执行人员的错，而是因为缺乏法律的明确规制。规则的缺失激化了申请人与案外人（银行）

的矛盾。申请人毫无疑问的要打破保证金账户的保护，银行则会竭尽全力维持自己的权益。3. 在这类案件中，执行部门与审判部门意见不一，一审法院与二审法院意见不一，主要在于对保证金账户资金构成质押担保的认定标准不一，所以才会产生截然不同的观点。而之所以会产生分歧主要在于适用法条时存在差异化的解释。

二、法规的梳理——执行与救济的依据

在我国，对于保证金质押并没有明确的法律概念，只有各种相关解释勾勒出了保证金质押的基本轮廓。

1.《最高人民法院关于适用〈中华人民共和国担保法〉若干问题的解释》第八十五条（以下简称担保法解释第八十五条）：“债务人或者第三人将其金钱以特户、封金、保证金等形式特定化后，移交债权人占有作为债权的担保，债务人不履行债务时，债权人可以以该金钱优先受偿。”

2.《最高人民法院关于人民法院能否对信用证开证保证金采取冻结和扣划措施问题的规定》：“人民法

院在审理或执行案件时，依法可以对信用证开证保证金采取冻结措施，但不得扣划。如果当事人认为人民法院冻结和扣划的某项资金属于信用证开证保证金的，应当提供有关证据予以证明。……"

3.《中国人民银行关于银行承兑汇票保证金冻结、扣划问题的复函》(银条法［2000］9号)："银行承兑汇票保证金是银行承兑汇票出票人向银行申请承兑而备付的资金，……我们认为，参照最高人民法院对信用证开证保证金的有关规定，银行承兑汇票保证金，人民法院可以依法冻结，但不应扣划。"

4.《最高人民法院关于人民法院办理执行异议和复议案件若干问题的规定》(2015年5月5日施行)第二十五条："(三)银行存款和存管在金融机构的有价证券，按照金融机构和登记结算机构登记的账户名称判断；有价证券由具备合法经营资质的托管机构名义持有的，按照该机构登记的实际投资人账户名称判断。"

小结：鉴于立法的不甚完备，尚且法律条文也不能网罗一切行为准则，不能涵盖所有具体案件，所以法律本身的局限促动了法律的解释，且只有通过解释来发现、补充和修正，才会获得运用自如、融通无碍的弹性。同时，法律与事实无法自动结合，需要法官这一具有主观能动性的中介，正如陈文钊言：“法官是法律适用的主体……没有法官对弹性条款创造性的解释活动，就不可能使我国现行的多数法典贯彻到司法实践中去。对法官来说，适用法律的每一个过程都包含有相互联系、逐步进展的3个环节：即理解、说明和适用。”在前面所述的三个案例中，各案不同审级的法官都对担保法解释第八十五条作出了自己的解释，这是合理也是必然的。

三、保证金的法理分析——执行、救济思路的逻辑起点

（一）保证金账户质押的形与质

账户质押在银行业中是常见的贷款担保方式，但唯一的相关法律文件是《最高人民法院关于审理出口退税托管账户质押贷款案件有关问题的规定》，然该解释仅仅是对出口退税账户托管质押作出的某种程度的规制，并未涉及到账户质押的类型、效力和认定标准。从物权法的角度出发进行分析，出口退税托管账户在进行质押设置初，账户中根本无资金，其本质是企业

承诺出口退税应收款会存入该账户，所以出口退税账户质押的质押物其实是出口退税应收款这笔款项，而账户不过是一个载体而已。

从上述的分析路径和司法实践来看，账户仅仅是资金、股份、基金及应收款项的载体，并非质押物本身，故出口退税账户质押应纳入到应收款质押；若以资金或货币作为质押担保，从而可以纳入到动产（金钱）质押的范畴；若以股份、基金作为质押担保，质押物应是账户内的股份或基金，从而可以纳入到权利质押的范畴。

（二）保证金账户资金质押的性质认定

根据以上的分析，我们认为保证金账户资金作为银行债权的担保，属于物权法中的动产质押范畴。《物权法》第二百零八条规定："为担保债务的履行，债务人或者第三人将其动产出质给债权人占有的，债务人不履行到期债务或者发生当事人约定的实现质权的情形，债权人有权就该动产优先受偿。"动产质押的核心在于出质人将质物转移占有，却不转移所有权。然金钱质押的特殊性在于金钱虽为动产，但其作为一般等价物可随意流通，若交付占有就相当于转移了所有权，因此金钱质押若要成立就遇到了法律障碍。

然而，正因为金钱有较强的流通性，从而使得金钱质押具有很高的商业价值。为明确金钱作为质物情形下的质押属性问题，担保法解释第八十五条做出了相关规定，此条是对金钱当作特殊动产而为质权标的物并优先受偿的效力认定，据此我国司法解释认定保证金账户中资金质押的法律性质属于动产质押且属于金钱质押的一种。

三、保证金质押的成立要件——执行、救济思路的逻辑枢纽

有法官认为金钱质押属于债权质押还是动产质押，取决于是否特定化。如果金钱特定化，属于动产质押；如果金钱不特定化，属于债权质押。但是大多数法官对担保法解释第八十五条的“特定化”“移交占有”“担保意思”的具体含义不能达成共识。笔者一一进行分析。

（一）实现货币动产的特定化

笔者认为特定化的实质在于将特定的金钱能够从

出质人以及质权人的财产中都得以独立出来，成为具有独立意义的一种存在。由于货币是一种具有高度替代性的种类物，可为同种（质）、同量的物相互替代。若无法将其特定化并固定下来，质权根本就无存在的基础，质权人也没有主张质权的保障。

笔者认为，保证金若要特定化最理想的情况下应具备以下两个条件，否则将丧失其担保效力：

1. 实质特定化。具体分为三点：

（1）保证金账户应特定化。在开设时，应与其他一般账户相分离；在管理时，进行区别管理，专人负责。司法实践中，法院可以通过调取保证金账户开户资料、管理信息来核实其是否特定化。

（2）账户内资金保持特定化。账户内资金应保持相对固定，不能任意浮动，除非数笔业务的保证金均存在此账户，单笔保证金随着担保功能的发挥而变动。司法实践中，法院可通过查询该账户资金的往来明细来核实账户资金是否特定化。

（3）保证金账户的使用特定化。账户内资金不能用作日常结算业务，资金的使用只能与保证金设立目的相符合时方可动用。

在“上诉人中国银行股份有限公司河北省分行诉

被上诉人北京康港兴隆金属制品有限公司合同纠纷案”中，北京市第二中级法院便因中行河北分行在涉案保证金账户内扣划了部分手续费，最终认定中行河北分行未能实现特定化而丧失了质押优先权。

2. 形式特定化。有法官认为这并不重要，保证金账户质押不应强调其对外公示性，理由有四，笔者一一加以分析：

（1）《物权法》《担保法》对动产质押的设立没有规定公示性要件，担保法解释第八十五条对金钱质押的规定也没有强调其对外公示性。笔者认为，《物权法》《担保法》的规定侧重于针对普通动产转移，而普通动产转移占有极为方便可行，但金钱作为种类物，其转移占有极为困难，恰恰需要一定的公示性；只有担保法解释第八十五条是专门针对金钱质押的条款，但是任何法律都是有局限性的，正是由于当时没有对金钱质押做出特殊的形式要求，所以后期才涌现出大量的关于保证金质押的争议。

（2）《人民币银行结算账户管理办法》没有专门规定保证金账户，商业银行没有保证金账户这一类型账户。笔者认为，这不能作为一个理由，没有此类型账户完全可以根据实践的需要进行增加。在申请人西安新科集团公司与被执行人陕西中实投资集团有限公司一案中，陕西省高级法院认为早在2005年6月28日颁布施行的《会计出纳业务操作规范》中就规定了“25110”为其他保证金的科目核算代码，而陕西高级法院也是凭借此点确认涉案账户为保证金账户。

（3）银行内部会计科目中的保证金存款项目是其内部管理性规定，对外不产生任何公示效果，这一点似乎也得到了最高人民法院的认可。但笔者认为，这一点是法院对此账户进行认定的一个考察因素，若银行我行我素，随意张冠李戴，怎么让当事人来信服。如案例二中，MY法院在认定宇田丰汇公司名下的账户类型时，明明看到的是“定期”类型，难免不让人产生怀疑。

（4）公示性强调的是保护善意第三人，是对交易安全的维护，不适用于非交易第三人。上述的众多纠纷产生于法院的执行行为，与当事人交易无关。笔者认为，倘若法院能够经查询后从银行反馈明确得知涉案账户为保证金账户，也许就不会发生纠纷了。但实践中往往因为涉案账户与普通账户并无任何区别，所以引致了不必要的诉讼纷争。因此保证金账户具有一定的公示性，将对司法实践产生众多益处，除非法院以后仍然乐意审理五花八门的此类案件。

小结：笔者认为保证金账户的形式特定化是极为关键的一点。因为既然质权属于物权，便具有绝对性和对世性，因此保证金的特定载体就应具备一定对外公开形式，这是物权优先于债权的根本原因所在，同样这也是法院来进行审核与认定保证金的一大核心要素。

至于如何增强保证金账户的外在公示性，还需与银行进行实证探究。笔者认为，若在担保合同、开户信息、账户类型上做特别注明，并参照应收账款质押登记，保证金在设立质押时由当事人根据《物权法》的规定，在中国人民银行质押登记公示系统办理出质登记，社会公众可以通过互联网查询到其登记信息，这会是最为理想的形式上的特定化。

（二）移交债权银行占有

根据《物权法》第二百零八条的规定，出质人应将质押动产移交质权人占有。移交占有就是将对质物进行控制和管理的权能交给他人。对于保证金质押比较特殊性的问题在于，保证金账户绝大多数为在质权人处开立的银行账户。笔者认为，从形式上讲现实中可考虑以将存折、开户证书等凭证交付银行的形式，以满足该要求；从实际控制上来讲，出质人往往在质权人银行开设保证金账户，存入金钱后银行完全可以通过内部冻结或其它管理方式对其进行实际控制和占有，以此实现对金钱转移占有及控制的要求。

（三）以明确形式示明担保意图

此要求为法律的隐含之意，既然已经认定保证金账户中的资金质押属于动产质押，那么物权法规定：动产质押若要成立除了将质物移交质权人占有外，还需当事人之间具有书面的质押合同。因此要求银行在实际业务中，应以书面形式明确银行以该账户特定化货币作为保证金，质押担保银行特定债权等内容。然而实践中很多银行在做相关业务时存在着种种行业惯例，如签订《承兑协议》《合作协议》《贷款协议》等合同，这些虽然没有“质押”字样，但却有关于达成质押的书面合意，这符合质押合同的实质要求。最高人民法院的指导案例即案例三对此点已经进行了确认。

故笔者认为，就当事人之间约定的法律属性的判断与认定，不应只看约定的外在形式，同样应注重其实质内涵，当然两者兼备才是最具合理性的。因此法院在审查和认定此类合同时一定要仔细和审慎，并重点关注是否具有达成质押的书面合意这一核心要素。

四、路在何方

（一）执行思路——消极等待抑或积极主动

目前在司法实践中，对保证金的执行存在两种观点：一、只能冻结、不能扣划；二、可以冻结、扣划（如案例一、三）。主张第一种观点的理由是我国现行司法解释对信用证开证保证金和银行承兑汇票保证金规定只能冻结，只有在其丧失保证金功能时才可以扣划。其他各种类型的保证金同样具有担保功能，应该类似适用上述规定。

笔者认为，被执行人有可供执行财产，仍不履行生效判决书确定的义务，为维护法律的权威和申请人的合法权益，法院有权扣划被执行人存款。故在执行过程中，法院可以扣划被执行人名下所有的外在特征不甚明确的存款。退一步讲，若此账户内金钱性质不甚明朗而待定时，法院的扣划也不必然侵犯“质权人”的合法权益，因为债权人的优先受偿是相对于同一债务人的其他债权人而言的。而法院的中立地位决定了与其他债权人并无利益冲突，法院对保证金的扣划只不过是将财产置于法院的控制之下而已。若当事人或案外人认为侵害其权益，可依据《民事诉讼法》第二百二十五条和第二百二十七条提出执行异议，向法院主张优先受偿权。

最高人民法院《关于人民法院执行工作若干问题的规定（试行）》第四十条规定："人民法院对被执行人所有的其他人享有抵押权、质押权或留置权的财产，可以采取查封、扣押措施。财产拍卖、变卖后所得价款，应当在抵押权人、质押权人或留置权人优先受偿后，其余部分用于清偿申请执行人的债权。"由此可见，法律之精神要义得对担保物进行处分，但须保障担保物权人的优先受偿权。再者依照 2015 年 5 月 5 日施行的《最高人民法院关于人民法院办理执行异议和复议案件若干问题的规定》，关于银行存款的审查标准以金融机构登记的名称为准，从侧面反映可以对被执行人名下存款予以执行。

（二）异议审查思路——形式审核抑或实质判断

执行过程中案外人提出异议后，执行机构的审查部门如何进行审查呢，是仅仅及于权利表象的公示登记，还是探究表象背后的实质物权?

对于这个问题有学者将其归结为：案外人异议的审查，是否就是以“不动产登记”和“动产占有”这两个“物权公示原则”的标准，来作为审查判断的标准。当然，《物权法》没有考虑到保证金问题的特殊性，但是单就司法实践的可操作性而言，这是执行法官唯一可适用的标准。笔者认为可以按照上文的分析思路，尤其是按照“形式特定化”要件确定一个公示的标准来进行初步审查。

同时碍于15日的审查期限，执行法官也不可能进行细致的调查判断。《物权法》的一大卓越贡献就是将各种物权的公示方法统一化、法律化（没有对动产质押中的金钱质押做特殊规定是其中的一个遗憾），基本厘清了执行法官采取执行措施的相关责任。细致的权属判断标准，则可留到后面的异议之诉中的审判程序中解决，由更加专业的民商法官在保证程序公平、公正条件下，就执行标的做出实质性判断。

笔者认为这符合执行部门进行初步审查的角色定位，便于执行部门进行简单操作。

（三）救济途径之异议之诉——必然要求抑或自主选择

“没有救济就没有权利”，在保障申请人合法权益的同时必须确保银行的异议权，否则，银行的正当理由和正确意见将无法得到公正的裁判，因此应给予银行异议权。但是这种异议权应是法院在尽可能查封被执行人财产以保障申请人利益的同时而对银行权利采取的保护，由银行向法院举证来证实账户资金特定化或质押担保关系的存在等，以便法院对此作出审查和认定。

法律没有明文规定当法院查封保证金账户后对于质押权人的救济途径，而现实中存在以下三种救济方式：（1）提起确权之诉（如案例一）；（2）提起执行异议之诉（如案例二、三）；（3）提起案款分配或案款参与分配方案异议之诉。

笔者认为，第三种方式只能适用于法院将案款扣划至法院之情形，而按照目前相关规定保证金只能冻结而不能扣划，所以在未予认定的情况下扣划是存在法律障碍的，故暂且不对此救济方式进行评论。

下面试着将第一种与第二种方式进行比较：其一，按照《民事诉讼法》的规定，案外人对执行标的有异议的，应先向法院提出执行异议，对异议裁定不服的，才可以依法提起异议之诉，这一程序在学理上被称为“法定顺序主义”，可以看出在提出异议之后的救济程序应该是执行异议之诉。其二，如果让质权人通过诉讼取得执行依据，此诉讼的双方只有作为质权人的银行与质押人（被执行人），不排除双方串通的可能。而依据既判力主观性理论，确权判决的既判力范围，仅限于参加诉讼并受到程序保障的当事人。而申请执行人并未参加到被执行人与第三人之间的确权诉讼，没有对确权诉讼双方的争点——标的物的权属发表独立见解，因此确权判决的效力当然不能及于申请执行人，也不能以此为由从程序上排除强制执行。再者，即使通过确权诉讼后再参与到执行程序中来，仍然存在如下的弊端：如果在案款分配时，债权人、被执行人对分配方案仍有异议，还可以通过执行异议、执行异议之诉对质权和质权所担保的债务范围进行判明，在一定程度上为质权设置了两个判明程序，造成了效率的低下。如果质权所担保的债务范围在执行异议之诉中判明，一方面没有造成质权所担保的债务的判明程序缺失，还提高了判明的效率。

通过比较可以看出：两种方式均可以保障债权

人、被执行人的合法权益，但是第二种方式的效率较高，符合民事诉讼法的精髓要义，应采纳第二种方式。

（四）异议之诉审理思路——发扬个性化解释抑或秉持物权法定原则

强制执行，系强制债务人履行生效法律文书确定的给付义务。可供执行而实现债权人债权之对象，自应为债务人所有之物或权。此为“责任财产”，亦即强制执行之标的。然而，在物权变动频繁的今天，对于执行中产生纠纷的标的物之权利归属的辨明，在《物权法》的时代必须遵循物权的变动规则，这一点至关重要。

纵观《物权法》，我国采取的是形式主义的物权变动模式，并在公示效力上坚持以公示生效主义为原则，公示对抗主义为例外，并辅之以公示处分主义，虽然呈现出复杂的立法模式，但并无例外的注重物权变动的公示性。物权公示原则是指物权在设立或变动时，必须采取一定的方式使公众知晓物权设定或变动的事实，若未采取法定的公示方法则不发生物权设立或变动的法律效果。尽管物权法并未给出金钱质押设立的公示方法，如果是转移占有，那么如何转移占有以形成公示，这些都不得而知，但是笔者认为这不能脱离我国物权法体系总的指向——形式主义的物权变动模式。

因此，笔者认为司法实践中对担保法解释第八十五条应从严掌握，对保证金账户从严审查。质押属于物权的一种，具有对抗第三人的效力，所以应该以严格的书面化行式来约束双方当事人，同时法院在审理此类物权案件时也应减少揣测、臆断，避免司法实践中出现形形色色的各种个性化抑或扩大化的解释，从而间接损害第三人的合法权益。从另一角度看，这也是物权法定的内在要求和客观必然。

（五）根本出路——公布指导案例抑或出台司法解释

所谓的路径依赖，是指人类社会中的技术演进或制度变迁均有类似于物理学中的惯性，即一旦进入某一路径（不论“好”“坏”）就可能对这种路径产生依赖。笔者认为，司法实践催动法律的变革，在保证金问题上已经涌现出了众多的矛盾，目前的各种解决办法无非是在“拼命地”做出各种解释，但又不能完美地予以整合，即便通过公布指导案例的方式（即案例三）也只能是解决局部问题（如可以解决案例一中多笔保证金存入同一账户问题，认定时只要存在一一对应关系即可），而不可能覆盖全部问题（如案例二中出现的承兑协议中并无约定哪个账户为保证金账户时，则存在认定障碍）。

为什么不跳出以往的思维，转换观察问题的角度，也许这样会柳暗花明又一村。因此，为从根本上消减保证金纠纷，笔者建议通过立法形式（或司法解释形式），尽快明确保证金质押成立的要素（如形式特定化和实质特定化要件）为妥。

8.【审判实务研究】

恶意变更法定代表人规避执行的司法认定与规制路径——基于对三类规制方式与四种裁决思路的研究

北京市门头沟区人民法院　李文超

编者按： 近年来，通过变更法定代表人身份方式，规避法院执行措施，谋取不正当利益或损害他人利益的案例不断出现，但由于立法长期缺位，司法实践中出现认识分歧和不同的应对模式。本文对比分析了当前北京、上海、浙江、广东等法院对于被执行人变更法定代表人规避执行措施的三类规制方式与四种裁决思路，并从起点防范与过程控制、微观规制与宏观应对等不同视角提出规制路径，对现行立法下破解执行难，防止“乱执行”具有一定的借鉴意义。

一、识别机制缺失下规制法定代表人恶意变更的实践分歧

在实务中对于能否禁止公司法定代表人变更登记以及如何对被执行人变更法定代表人行为进行规制可谓争议极大。概括来说，争议集中在两个方面：第一，执行机构能否裁定禁止（冻结）被执行公司法定代表人的变更登记（手续）？第二，执行机构如何处理原法定代表人以解除限制出境、限制高消费等执行措施为由提出的执行异议、复议？上述两方面争议既涉及到债权人权益的实现问题，又涉及到案外人权利的救济问题。

（一）执行机构规制法定代表人变更的三种方式

我国法律和司法解释尚未对被执行人在执行程序中不得变更法定代表人作出明确规定。在实务中，为了防止被执行人变更法定代表人规避执行，至少有浙

江、[1]北京、[2]广东[3]法院三种差异做法。

模式	相关内容	规制依据	适用阶段	形式
浙江法院	为防止被执行人法定代表人规避执行，浙江法院向区工商分局发出禁止变更法定代表人函。	依据为该法院与该市工商行政管理局联合下发的《关于建立企业法定代表人征信与惩戒机制的工作意见》。	执行阶段	函
北京法院	为防止被执行人公司规避执行，北京法院"裁定查封、冻结被执行公司在工商局的相关手续，具体包括：……3.不得变更公司的法定代表人。"		执行阶段	裁定
广东法院	为防止被执行公司恶意逃避债务，广东法院运用行为保全措施，裁定禁止公司变更法定代表人。	依据《中华人民共和国民事诉讼法》（以下简称《民事诉讼法》）第100条	审判阶段	裁定

表 1：执行机构规制变更法定代表人规避执行的三种方式

[1] 余建华：《公司频换老板避执行，法院首发禁止变更令》，载《人民法院报》2012 年 3 月 26 日，第 1 版。

[2] 23 份执行裁定书基本内容均为"法院为防止被执行人公司恶意变更法定代表人、转移公司财产，而对被执行人法定代表人的变更采取相应的限制性防范措施"。载北京法院系统法律文书统一搜索平台 http://bjgy.chinacourt.org，2015 年 10 月 12 日访问。

[3] 马远斌、钟紫薇：《东莞三院创新行为保全措施保障债务执行，裁定禁止欠债公司变更法定代表人》，载《人民法院报》2014 年 05 月 16 日，第 4 版。

（二）处理原法定代表人异议、复议的四种不同思路

在实务中，执行机构对能否裁定禁止被执行人变更法定代表人以及能否对原法定代表人继续采取执行措施存在不同思路。笔者通过北大法宝司法案例数据库检索，至少有北京、上海、浙江、广东等法院四种差异做法（见下表2）。

	裁定书示例	裁决思路
裁决一	法院认为，发生法律效力的民事判决、裁定，当事人必须履行。为防止被执行人公司恶意变更法定代表人、转移公司财产，而对被执行人法定代表人的变更采取相应的限制性防范措施未违反相关法律规定。	以禁止被执行人法定代表人变更登记未违反相关法律规定为由，驳回异议申请。
裁决二	法院认为，法律无明文规定被执行人在执行程序中不得变更法定代表人，……本案中，执行法院在执行过程中禁止被执行人某公司办理法定代表人的变更登记手续，于法无据，应予纠正。	以禁止被执行人法定代表人变更登记缺乏法律或司法解释的明确规定为由，撤销原执行裁定。
裁决三	法院认为，梁某某在执行案件立案前已不是某公司的法定代表人，与该公司毫无关系。……某公司在复议期间提供证据证明梁某某已不是公司的董事，亦不属于对公司债务履行有直接影响的责任人员。梁某某所提复议请求，符合法律规定，应予支持。执行法院对梁某某采取的限制出境强制措施，应予解除。	以申请复议时，原法定代表人不属于对“影响债务履行的直接责任人员”为由，撤销限制出境决定。
裁决四	综合考虑上海某公司股权变动及陈某某在本案债务发生中所起作用等情况，虽然陈某某在一中院对其限制出境后转让公司股权，不再担任上海某公司的股东及法定代表人，但这不足以证明其对某公司债务履行的影响已全部消除。……申请执行人汪某某不同意解除限制出境措施的情况下，申请复议人陈某某请求解除限制出境措施不符合相关法律规定，本院难以支持。	以原法定代表人不能证明其对申请人公司债务履行的影响已全部消除为由驳回复议请求，维持原裁定。

表2：执行机构处理原法定代表人异议、复议的四种思路

二、从要素分析限定法定代表人恶意变更的规制范围

1. 恶意规避的主观认定。对于变更法定代表人主观上“恶意”认定，应考虑债务人行为时之资产状态。如果债务人在一审败诉后已处于连续资不抵债或无财产可供执行状态，亦无正当理由和充足证据，仍变更法定代表人为不适宜采取强制措施的人或下落不明的人，其行为的主观目的为降低债务履行能力、妨碍执行程序，应推定其具有主观上逃避债务、规避执行的故意。

2. 恶意规避的时间介入。在实务中通过变更法定代表人规避执行措施属于间接规避行为，规避的主要是执行阶段的强制措施。因此，时间节点应当在一审败诉后对法律后果存在一定认知情况下，认定其具有规避执行的故意。具体而言，变更法定代表人规避执行的第一个判定时间节点是一审败诉后到立案执行前。第二个时间节点是执行立案后到执行终结前。

3. 恶意规避的行为方式。对于一审败诉后到立案执行前变更法定代表人的，基于公司自治事项，规避行为判断应在要素审查后慎重区分认定；对于在执行

立案后至执行措施采取前，被执行人无正当理由和充足证据而变更法定代表人的，一般应认定其行为方式上具有规避恶意；对于限制出境、限制高消费等执行措施采取后被执行人无正当理由和充足证据而变更法定代表人的，规避执行措施的主观故意明显，均应认定为规避执行行为。

4. 恶意规避的结果判定。在该类案件中被执行公司将法定代表人变更为基层职工、年迈亲属甚至为下落不明的人，原法定代表人或负责人“卸下”责任，甚至转移、隐匿财产，[1] 导致了法院无法有效适用限制出境、司法拘留等间接强制措施的客观结果，造成没有针对被执行公司规避行为的处罚措施，即应认定该被执行公司的行为具有规避执行的恶意。

三、完善对恶意变更法定代表人规避执行的规制路径

（一）起点防范与过程控制

1. 拓展审执衔接中行为保全的运作机制。（1）适

[1] 卫彦明：《人民法院反规避执行典型案例选编》，中国法制出版社 2014 年第 1 版，第 179 页。

用原则。在审判阶段对于连续资不抵债的债务人，可以利用行为保全，防止其恶意变更法定代表人。变更法定代表人是否会导致“判决难以执行”，需要债权人提交书面申请，对于符合识别要素，必要时可以裁定禁止债务人变更法定代表人，符合行为保全立法本意。（2）适用范围。参照财产保全司法解释，禁止变更法定代表人的保全裁定可适用于“上诉后到二审法院接到报送的案件前”及“法律文书生效后到申请执行前”等时间阶段。（3）担保形式。行为保全只有诉讼中保全情形，其是否需要提供担保以及担保的数额，应由法院在审查时综合多种因素进行考量，根据具体案情决定（见下图3、下表3）。[1]

图3：恶意变更法定代表人规避执行的认定阶段

[1] 沈德咏：《最高人民法院民事诉讼法司法解释理解与适用（上）》，人民法院出版社2015年第1版，第455页。

阶段	条件	申请人	启动	途径	内容	担保	范围	救济	复议	其他
一审判决后到立案执行前	公司连续资不抵债一年以上	当事人申请，法院依职权	审判庭	行为保全裁定	禁止变更法定代表人	法院可责令申请人提供担保	限于请求的范围		可以申请复议一次，复议期间不停止裁定的执行	
执行立案后到执行终结前	公司名下无财产可供执行	当事人申请，法院依职权	执行庭	间接强制执行措施[22]	边控对象通知书、限制高消费令、纳入失信被执行人名单决定书			被执行人认为适用错误的，可以向人民法院申请纠正	可以向执行法院或者上级法院申请复议，但复议期间不停止执行	原法定代表人变更后提出提出异议的，不能当然的解除间接强制执行措施

表 3：审执配合模式下恶意变更法定代表人规避执行的对应防范

2. 细化执行程序内部既有规制体系

（1）慎重采取对法定代表人变更登记的直接限制。在现行立法下，执行机构尚不能直接裁定禁止被执行人变更法定代表人。但出于规避目的而恶意变更行为，执行机构应结合恶意规避的认定因素进行审查，对于“原法定代表人”仍为被执行公司实际控制人或者“原法定代表人”符合影响债务履行条件的，法院应继续采取强制措施，同时重点关注变更法定代表人行为是否伴有分立公司、转移财产等行为，通过抽丝剥茧、顺藤摸瓜，查证规避执行证据，区分情况加以认定。

（2）“影响债务履行的直接责任人员”的扩充理

解。考虑到限制出境等措施的目的主要是促使被执行人履行债务，部分法院结合情节将诸如财会人员、秘书、董事等均被列入“影响债务履行的直接责任人”（见上文表3裁决4）。对于公司已资不抵债情形下，法定代表人恶意变更后的“原法定代表人”是否属于“影响债务履行的直接责任人”呢？实务中只要该人出境将使被执行人无法履行或者严重影响债务履行，即可限制其出境。[1]“原法定代表人”清楚被执行公司的经营状况、盈利能力或者公司优质资产的转移情况，如果其存在恶意规避限制出境、限制高消费等执行措施的故意，对其继续适用执行措施有利于促使被执行人履行义务。

（3）理顺反规避执行中当事人证明责任分配。笔者认为，在被执行人履行能力问题上，应区别于审判程序，探索符合执行程序特点的证明规则。由法院负主要的查证责任，债务人负财产如实申报义务，债权人负提供线索的协助义务，相关证据亦由法院依职权查证。“原法定代表人”就限制出境等强制措施提出执行异议、复议时，被执行人应对其变更法定代表人

[1] 江必新:《新民事诉讼法执行程序讲座》，法律出版社2012年第1版，第241页。

无过错（恶意）以及对债务履行无实质影响承担举证责任。

（二）微观规制与宏观应对

1. 注重审视涉诉法定代表人责任。执行机构在审查变更行为“恶意”时，应重点关注：（1）变更法定代表人是否经过法定的公司表决程序，且新法定代表人对变更、涉诉债务知情情况；（2）是否出现了“原法定代表人”不再适合担任被执行公司法定代表人的情形；（3）被执行人财产是否足以偿还该案债务，其变更法定代表人对履行生效法院判决义务有无实质影响。对于不符合变更条件，但已变更工商登记的，符合条件的股东、利害关系人可以请求人民法院撤销登记。

2. 构建涉诉法定代表人信用惩戒系统。法定代表人的变更登记可以通过企业信用信息公示系统加强联动。例如浙江省工商局通过与浙江法院签署联动协议，全面启动实施法定代表人信用监管系统，“将每一位法定代表人纳入到信用管理体系，只要出现违反法律法规或其他失信行为，其信用评价自动降低并采取相应的监控管理措施”，使法定代表人个人信用与企业信用紧密相连，防止法定代表人恶意变更逃避法律责任和企业非正常退出（如下图4）[1]。

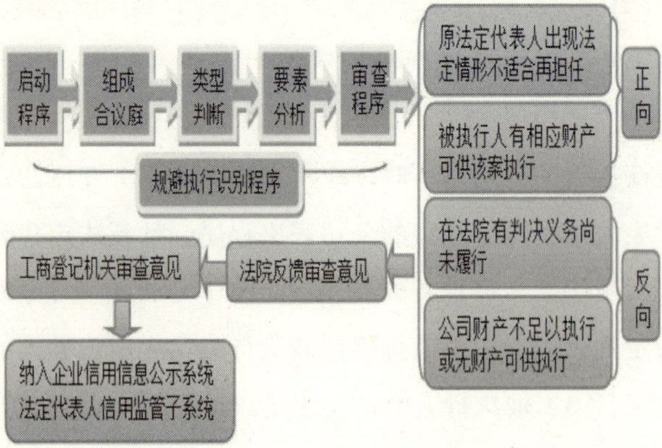

图4：恶意变更法定代表人规避执行的退出审查与信用监管

[1] 姚芃：《法定代表人全部纳入信用管理体系，浙江严防企业非正常退出》，载《法制日报》2012年4月14日，第6版。

9.【调查研究】

《社会保险法》实施相关疑难法律问题研究

北京市高级人民法院行政庭

编者按：针对社会保险行政执法和审判中的疑难法律问题，本文对养老保险问题、工伤认定问题、社会保险费征收、稽核与支付，社会保险监督与查处等热点和难点问题进行了深入分析，梳理了现行的有关政策和各方观点，并提出了具体的法律适用意见，具有一定的借鉴意义。

第一篇：北京市2014年社会保险行政复议与行政诉讼概况

一、2014年社会保险行政复议案件情况

2014年北京市人力资源和社会保障系统受理行政复议案件198件，与2013年（147件）相比增幅为

35%。其中：

按照申请人分类：个人申请的 144 件，单位申请的 54 件。

按照被复议主体分类：市人力社保局被提起行政复议的案件 19 件。其中，接受国家人力社保部审查 5 件，接受市政府审查 13 件，其他 1 件。

市社保经办机构被提起行政复议的案件 2 件。

区县人力社保局被提起行政复议的案件 163 件。其中，接受市局审查 113 件，接受区县政府审查 50 件。

区社保经办机构被提起行政复议的案件 14 件。

按照案件类型分类：养老保险 75 件，占 38%；工伤保险 69 件，占 35%；劳动监察 22 件，占 11%；其他类型 32 件，占 16%。

案件审理结果：立案受理 190 件，不受理 4 件，协调处理 4 件。年审结 184 件（年结转 44 件）。复议结果维持具体行政行为 132 件（结转 32 件），复议维持率为 72%；终止审查案件 31 件（结转 10 件），占 17%；驳回申请 17 件（结转 1 件），占 9%；撤销或责令履职案件 4 件（结转 1 件），占 2%。

二、2014 年社会保险行政诉讼案件情况

2014 年北京法院审理劳动和社会保障类行政案件情况如下：一审收案 227 件（含立案庭裁定不予受理 2 件），比 2013 年上升 16%；结案 231 件，其中判决维持 17 件、判决驳回诉求 142 件、判决撤销 3 件、判决履行法定职责 1 件、裁定驳回起诉 32 件、裁定撤诉 36 件。二审收案 140 件；结案 141 件，其中判决维持 114 件、裁定维持 25 件、裁定撤诉 2 件。一二审劳动和社会保障类行政案件占全部案件的 4.5%。

社会保险一审行政案件中：按照诉讼原告分类，原告为个人的 142 件，原告为法人单位的 85 件；按照被诉主体分类，市局应诉 24 件，区县局应诉 196 件，区县经办机构应诉 7 件；按照案件类型分类，工伤保险案件 127 件，占 56%；养老保险 56 件，占 25%；劳动监察 11 件，占 5%；其他类型案件 33 件，占 14%。

三、社会保险行政争议特点

第一，行政争议案件总量增幅明显。2014 年度全市人力社保系统发生行政争议案件共计 425, 同比增幅

24%。是继2011年（由2010年327件下降到240件）案件数量大幅下降之后连续三年增幅明显。纵观案件总体情况，我市人力社保系统行政争议案件有两个快速增长期，第一次快速增长期间是2003年至2005年，分别为203件、318件、426件，此后案件数量保持在350余件上下，直至2011年大幅下降。第二个增长期从2012年开始，分别为304件、343件、425件。且近三年的行政诉讼案件数量已经超过行政复议案件数量。

第二，社会保险行政争议涉及领域广泛，社会保险案件所占比例较高。社会保险相关行政案件几乎涉及到劳动争议的所有领域和问题，受理的劳动和社会保障类行政案件案由集中于工伤认定、劳动监察及行政审批等。其中工伤认定类案件包括不服工伤认定通知及不服不予认定工伤通知；劳动监察类案件包括不服行政处罚决定及不服行政处理决定，涉及工资、社会保险、加班费的支付等问题；行政审批类案件包括退休审批、社会保险待遇稽核和支付等，纠纷的表现形式可谓多种多样。2014年行政争议案件类型仍以工伤、养老社会保险类案件为主，分别为196件和131件，占案件总量的46%和31%。其中诉讼案件中社会保险类案件占81%；行政复议案件中社会保险类案件占73%。区别是诉讼案件中，工伤认定案件多于养老保险案件，而复议案件中，养老保险案件又多于工伤认定案件。通过数据分析，可以得出两个结论，一是工伤认定类型案件，行政复议案件69件，行政应讼案件127件，当事人选择直接到法院诉讼的案件数量较其他类型要多；二是养老保险类型案件行政复议案件75件，行政应诉案件56件，通过行政复议程序化解了一定数量的养老保险类案件。

第三，政策性和专业技术性较强。《社会保险法》实施之前，由于我国目前对社会保障缺乏统一的专门立法，支撑社会保障制度的除个别由国务院制定的行政法规外，大多均为地方各级政府及其职能部门出台的规章、政策及大量的规范性文件。《社会保险法》实施后，法律适用和执行的新问题不断涌现，社会实践情况复杂多样，社会保险行政执法和行政审判具有很强的专业性和技术性。

第四，社会敏感性强，易激化矛盾。社会保障体系是社会的“安全阀”，但由于涉及劳动者的基本生活保障和切身利益，处理不当易激化矛盾，影响社会稳定。因此，该类案件的审理不仅要公正，而且要高效，特别要注重对弱势方合法权益的保护，否则极易引发申诉、上访等事件，成为社会不稳定的因素。

第五，案情错综复杂，审理难度大。社会保险相关行政案件，由于主体的多元化和争议内容的广泛性，不但涉及面广，而且历史遗留问题颇多，处理依据又普遍欠明晰，加之当事人之间对立情绪较大，对司法的处理仍难除置疑，因而导致这些争议处理起来难度很大。

第二篇：社会保险行政执法疑难法律问题

一、养老保险问题

（一）职工养老保险中断损失的赔偿问题

实践中，职工由于单位原因造成基本养老保险缴费中断，由于已超过法定的劳动年龄，无法通过要求单位补缴，保障其权益。在向法院提起诉讼要求单位赔偿时，法院以不在劳动争议的受理范围为由不予受理。

为保障职工的保险权益，我们梳理了现行的有关政策，分析了利弊并提出了建议。

1. 现行政策

关于补缴基本养老保险费的有关规定，按照国家及本市的有关规定，单位和职工应按时足额缴纳职工养老保险费，由于单位原因造成的缴费中断，被保险人在国家规定的劳动年龄内，用人单位可以申请为其补缴。《社会保险法》实施以后，用人单位未按时足额缴纳社会保险费的，由社会保险费征收机构责令限期缴纳或者补足，并自欠缴之日起，按日加收万分之五的滞纳金。

职工基本养老保险制度设计是当期收缴的基本养老保险费支付已退休人员的基本养老保险金，因此政策上规定单位和个人按时足额缴费，社保部门应做好当期养老保险费的征缴，确保应收尽收，做到收支平衡略有结余，以保证基本养老保险制度的可持续性、保障社保基金的安全。因此，为促进当期缴费，政策上规定了补缴时要加收系数或滞纳金，对于超过退休年龄的不再允许补缴。同时，为保障参保人的权益，明确了企业给被保险人享受基本养老保险待遇造成损失的，被保险人有权要求企业赔偿。

关于法院劳动争议受理范围的有关规定，在《关于审理劳动争议案件适用法律若干问题的解释》(一、二、三）中就社会保险方面受理案件的范围包括：（一）劳动者退休后，与尚未参加社会保险统筹的原用人单位因追索养老金、医疗费、工伤保险待遇和其他社会保险费而发生的纠纷；（二）劳动者以用人单位未为其办理社会保险手续，且社会保险经办机构不能补办导致其无法享受社会保险待遇为由，要求用人单位赔偿损失而发生争议的，人民法院应予受理。

综上所述，超过法定劳动年龄的职工，在发现其缴费存在中断后，行政方面无渠道补缴，法院也不受理此类要求单位赔偿的诉讼申请，职工的保险权益无法得到保障。

2. 建议

本着非本人原因造成的缴费中断，应给予渠道保障职工权益的原则，提出以下两个方案：

方案一，行政部门放宽申请补缴的时间条件，单位发现职工存在缴费中断，即可申请为其补缴。此方案有两个弊端，第一是对于部分已享受按月养老保险的参保人，需停发其养老金，将其转入在职状态进行补缴，补缴后待遇需重新计算养老金，操作复杂且不易实现。第二是不能促进当期缴费，对基金造成影响，不利于制度的可持续性。

方案二，法院受理此类诉讼，确定单位的责任后，由单位负责给予赔偿。此方案的难点是如何确定赔偿的金额，建议此类案件赔偿金的计算由养老保险行政部门，按照目前本市市民的平均余命结合养老金计算办法，向法院提供计算方法。

我们倾向于第二方案，因为此类情况与应受理情况（二）类似都是由于单位原因且社保无法补缴造成的参保人待遇损失。采取第二方案这样既保证了基金的安全，通过人力社保和法院沟通协调，也就决了法院受理后，赔偿金额无法确定，以至案件无法审理的问题。

（二）养老保险待遇亏空的赔偿问题

生活在市场经济社会的人们都知道，每月工资数额多一点儿，生活质量高一点儿，手头儿就可以宽松一点儿，过起日子来就轻松一点儿，这是一个人情大道理。但对于失去劳动能力，依靠养老金生活的人们，在退休之时希望自己的养老金数额高一点儿，但由于种种客观原因及当时政策的原因，造成了养老金数额未达到理想的数值，如果没有特殊的原因，一般也不会形成争议。但现实生活中，大千世界里总有那么一些特殊的事情发生，扰乱了人们的正常生活。

1. 一个案例

2006年12月，王二退休了，开始领取每月1580.12元的养老金，本该进入一个新生活的时期，但王二心里不平衡，思前想后，上班时每月工资600元至7000元不等。甚至退休前一个月领取工资7500元。养老金怎么才每月1580.12元。从此王二踏上了投诉、行政复议、行政诉讼的诉累之路，至今已有8年、9场官司，问题也没有解决。

2009年12月，某区相关部门查实，王二自1993年6月至2006年10月在职期间，实际工资收入和实际缴费数额差分别为每月429.90元至4500元不等。王二自认为找到了原因，申请相关部门补缴。相关部门依政策于2010年9月为其办理了补缴手续且养老金数额重新核算。2011年1月相关部门为其补缴了2006年1月至11月的保险补差19113.60元，且支付王二养老金差额3239元，王二的养老金每月增加了64.78元。从此王二的养老金（不计年增长数）为1644.90元，但相关部门测算，如果王二自1993年6月至2005年12月每月缴费基数都为实际工资收入数额，王二的养老金应为2582.12元。现形成了养老金差额为937.22元/月。

王二，1951年11月生人，按现行的非农业人口人身赔偿的办法：60周岁以下的按20年计算，60周岁以上，超一岁减一年计算；75周岁以上的，赔偿5年计算。那么王二在2009年9月时58周岁，不足60周岁，赔偿20年为224932.80元。

2. 解决的情况

在8年的时间里，王二几乎跑遍了全市的相关部门，市高级人民法院责成当地法院协调解决此事，王二要的数额为30万元，而王二原单位是10万元多一分不出，被迫搁浅。王二在2007年至2009年间，先后两次到法院起诉，依据《北京市基本养老保险规定》（市政府183号令）第三十条内容，要求原用人单位赔偿，但均未果。

3. 现行政策的无奈

王二自1993年6月到2006年10月，实际工资收入与实际缴费基数之间形成了一定数额的差额，这是一个事实；且由此影响了王二每月937.22元的待遇差，这也是事实。相关部门依据［2007年2月8日 京劳社养发（2007）21号］《关于贯彻实施〈北京市基本养老保险规定〉有关问题的具体办法》的相关内容，使王二的养老保险金数额提高了64.78元/月，但问题没有最终解决。且依据183号令第三十条的相关内容民事赔偿的程序走不通。

4. 解决问题的设定

王二的事情情节简单，但解决此类问题又很棘手。目前，民事赔偿的司法程序走不通，补缴2005年12月以前的又不符合相关政策。类似王二的一群人被困在了一个大院里。本着任何事情宜“疏”不宜“堵”的大原则，笔者有一个大胆的设定：依据183号令第三十条的内容，由相关部门出台《细则》。《细则》中应载明：仲裁部门负责赔偿解决事宜；社保经办机构负责缴费基数的稽核（时限应为当事人知道批准退休之日起三个月内进行投诉）；养老保险行政部门负责养老金差额核定。

如此操作可以圆满解决王二等人群的问题，也可以使相关政策贯彻实施，执行中不走样，保护了用人单位和缴费人的共同利益，王二等人的养老保险待遇亏空亦得赔偿。

二、工伤认定问题

（一）因工外出期间的工伤认定

职工因工外出期间受到伤害的工伤认定案件涉及面广泛，适用法律法规难以掌握，调查取证缺乏现场，现结合工伤认定工作实践，针对上述问题进行浅析并提出对策。

1. 法律适用的难点与对策

在处理因工外出受伤的工伤认定实践中，出现了一些边界条件模糊不清的情况，下面以典型案例来说明难点。案例：魏 × 是北京亚胜置业有限公司员工，在公司担任总工程师职务。2013 年 8 月，公司安排他到辽宁省绥中县滨海经济开发区海天翼工地出差，督促工程进度。2013 年 10 月 11 日 21 点左右，魏 × 加班后乘坐公司安排的一辆蓝色两厢奥拓轿车，从工地前往住宿处。途中与行驶在前面的另一辆公司的白色福特牌 SUV 车辆相撞，造成魏 × 受伤。事后双方均未报交通事故。魏 × 受伤后先后送往绥中县西甸子医院、秦皇岛市工人医院、秦皇岛市第一医院，被诊断为下颌骨多发骨折、右侧上颌骨、颧骨骨折、头面部多发软组织裂伤（已缝合）、额骨骨折、T12 L1 椎体骨折。2014 年 9 月 23 日魏 × 向单位所在地通州区工伤科提出工伤认定申请。

本案的焦点就在于对《工伤保险条例》(以下简称《条例》）相关规定中“因工外出期间”的解释。《条例》第十四条规定职工有下列情形之一的，应当认定为工伤：（一）在工作时间和工作场所内，因工作原因受到事故伤害的；（五）因工外出期间，由于工作原因受到伤害或者发生事故下落不明的；（六）在上下班途中，受到非本人主要责任的交通事故或者城市轨道交通、客运轮渡、火车事故伤害的。北京市高级人民法院《关于审理工伤认定行政案件若干问题的意见》[京高法发（2007）112 号］第八条指出，关于“因工外出期间”，职工因工作原因在工作场所以外从事与职务有关的活动的时间应认定为“因工外出期间”，但不包括外出游览、娱乐、购物等非工作原因的时间；对于用人单位长期外派到外地工作的职工遭受事故伤害的，工伤认定时不应直接适用“因工外出期间”的规定。2013 年 4 月 25 日发布的《人力资源社会保障部关于执行〈工伤保险条例〉若干问题的意见》[人社部发（2013）34 号]，第一条规定“《条例》第十四条第（五）项规定的‘因工外出期间’的认定，应当考虑职工外出是否属于用人单位指派的因工作外出，遭受的事故伤害是否因工作原因所致。”

因此，若本案中魏 × 属于“因工外出期间，由于工作原因受到伤害或者发生事故下落不明的”，则应当按照《条例》第十四条第（五）项规定处理；若本案中魏 × 属于“用人单位长期外派到外地工作的职工遭受事故伤害的”，则应当按照《条例》第十四条第（六）项规定处理，即魏 × 需要按照《北京市实施〈工伤保险条例〉若干规定》，提交公安机关交通管理部门出具的道路交通事故相关文书，我科室则无法受理此案件；另有观点认为，魏 × 的情况属于《条例》第十四条第（一）项规定的情形，应当受理并认定为工伤。鉴于以上讨论，建议完善工伤认定法规，或出台相关行政解释，对“因工外出”与“长期外派”的区别作出进一步说明。

2. 调查取证的难点与对策

“因工外出期间”的工伤认定须同时满足 3 个事实要素即有伤害结果发生、时间是因工外出期间、原因是工作。这 3 个要素前后呼应、连贯一致的构成了连续统一的事实链条。因此工伤认定在依照法定程序对事故伤害进行甄别时，在申请人所提供的材料不能得出准确结论的情况下，须对事故进行实地核查。但是在对较复杂的案件进行调查核实中，常常遇到一些困难。案例：2014年8月王×被单位派遣到天津蓟县从事销售工作，单位租赁有一套房屋作为王×的宿舍，并常在客厅中召开每日例会。28日上午11点，王×和员工薛×回到宿舍，12点40分左右王×上厕所，滑倒在洗手间里，同时刚回到宿舍的杨×听到声音赶过去看，见王×捂着胸口，杨×赶紧叫同事薛×帮忙，这时杨×发现王×浑身冒汗。两人把王×扶进房里躺在床上，王×突然呕吐，拨打120救护车来后，同事帮助医生把王×抬上救护车，送到天津蓟县人民医院，在医院抢救了28分钟，医生宣布抢救无效，已临床死亡。2014年9月26日王×的用人单位向所在地通州区工伤科提出工伤认定申请。根据《条例》第十七条的规定，用人单位在工伤事故发生后30日内，个人在一年之内，都可以向社会保险行政部门提出申请。这条规定的本意是给用人单位和个人足够的提出申请的时间，但却给工伤认定带来困难。第一现场可能已不存在，甚至相关证人也无从问询，以本案为例，提出申请日期距事故发生日期已近二十天，给我科室受理此案件后查清事实真相造成一定困难。同时，在该调查过程中需要用人单位和事发当地相关部门的协助，虽然《工伤认定办法》[人社部发（2010）8 号] 第十二条明确规定了在工伤行政部门进行调查时，有关单位和个人有予以协助的义务，但由于没有具体操作细则，往往难以取得良好效果。加之用人单位参保后考虑到赔付责任，往往倾向于举证职工受伤为工伤。上述因素也为调查取证带来一定的难度。因此，建议在《条例》中增加相关规定，凡重大工伤事故，应要求用人单位在事故发生后第一时间（如 24 小时内）向社会保险行政部门报告，社会保险行政部门应及时对事实及证人进行调查，以保证工伤认定的客观、准确。

3. 结论

综上所述，针对“因工外出期间”工伤认定案件中的法律适用难点，我们建议进一步细化法律规定，同时希望高法给出指导意见统一观点；针对调查取证难点，我们建议建立工伤报告制度。

（二）“因伤致病”的工伤认定

随着工伤保险相关法律政策的普及和工伤保险实践工作的深入开展，社会大众对工伤保险工作的关注度得以大幅提高。而这种关注，更多的聚焦在待遇的享受。立法上对工伤职工待遇的保障力度，是其他部门法律所不能企及的。工伤待遇实现的重要法定条件就是被认定为工伤。法律的意义在于实施，法律实施的过程就是法律解释和适用的过程。社会大众的关注，直观的体现就是对具体个案有不同的理解、对具体个案结果有不同的意见。现阶段这种“不同”分歧的一个聚焦点就是“因伤致病”工伤认定。通过探讨，工伤认定行政部门、司法部门就该聚焦点形成统一意见，意义重大。

1. 一个典型案例

（1）案件基本情况

某报社提出工伤认定申请称：其报社编辑史 ×，于 2013 年 1 月 24 日下午 16 点左右，在该报社办公室审稿（审大样），当翻阅了一部分时，发现有的地方需要改动，就去拿笔，由于笔筒在桌子右上角，伸手没够着，这时挪了一下屁股又去够，笔拿到手下坐时坐偏了，椅子（折叠椅）倒了，史 × 摔倒在地上，后脑勺碰到了右后面的桌子上，顿时头晕，同事拨打 120 救护车，把史 × 送到医院急救，经医院诊断为：脑干出血、高血压病 3 级、高脂血症、低钾血症。

行政部门调查核实情况：史 × 家属拨打 120 呼救（非其同事），救护车到达救治现场时，史 × 神志清楚、血压为 BP203/134mmHg，未诉有摔伤过程；医院《抢救室急诊记录》载明“患者近日来劳累后于入抢救室前 17 小时开始出现头痛，伴有右侧肢体活动不利，家属呼救救护车送至我院急诊神经科，当时测血压 203/134mmhg，查头颅 CT 示：提示脑干出血约 3ml。体格检查：患者神志清楚，语言不利，查体合作。皮肤、黏膜检查无皮疹，无出血，无黄染。CT 片显示头颅形状、大小未见异常，颅骨结构完整”；诊断为脑干出血、高血压病 3 级、高脂血症、低钾血症。

（2）各方观点

各方观点存在分歧的焦点是：“脑干出血、高血压病 3 级、高脂血症、低钾血症”是否由摔伤导致。

职工家属及单位认为：史 × 系摔伤导致“脑干出血、高血压病 3 级、高脂血症、低钾血症”。理由是：医院《抢救室急诊记录》中的原始记载是史 × 家属主诉的，是史 × 家属不了解情况时说的；史 × 当时未自诉自己的情况，治疗一段时间后，史 × 回忆起是在单位办公室伸手拿笔时不慎摔倒的；史 × 同事称，其在接受行政部门调查时说的是“其用史 × 的手机通知史×家属后呼救120的”，是自己记错了；史×家属称，其向专家咨询过，说是可以由摔伤导致“脑干出血、高血压病3级、高脂血症、低钾血症”。

行政部门认为：史×家属及单位没有提交史×“伤”的诊断，史×的情况不符合法定的工伤情形或视同情形。理由是：《北京市实施〈工伤保险条例〉若干规定》第十六条明确：工伤职工认为工伤直接导致其他疾病的，应提供工伤医疗机构出具的工伤直接导致疾病的诊断证明书。史×家属及单位未提供“摔伤导致‘脑干出血、高血压病3级、高脂血症、低钾血症’”诊断证明；经行政部门到相关医疗机构调查核实，史×的诊断就是“脑干出血、高血压病3级、高脂血症、低钾血症”，不涉及伤；急救抢救记录、《抢救室急诊记录》真实有效，没有伤的记载或相关诊断。

2.“因伤致病”工伤认定的逻辑点

（1）《工伤保险条例》保障的范围

疾病不是工伤类法律政策的一般保障范围，而是例外型保障，是由《条例》明确规定的。可以从《条例》的立法中看出这一点。该条例开篇名义，在总则章节以第一条形式明确：为了保障因工作遭受事故伤害或者患职业病的职工获得医疗救治和经济补偿，……，制定本条例。该《条例》工伤认定章节，第十四条第四项、第十五条第一项明确规定，“患职业病的”是应当认定为工伤的情形，“在工作时间和工作岗位，突发疾病死亡或者在48小时之内经抢救无效死亡的”是视同工伤的情形。除上述两项之外，认定为工伤或视同工伤的其他情形不涉及疾病的描述。

（2）“因伤致病”应纳入工伤保障

实践中，存在职工遭受事故伤害导致疾病的情况。比如，职工因工作腰部遭受伤害，腰部软组织挫伤并导致腰椎某间盘突出；职工因工作右膝关节、韧带损伤导致创伤性关节炎，等等。这些出于工作因伤导致的疾病，应该纳入工伤保障的范畴。这一点上，各方认识没有分歧。

（3）“因伤致病”判定逻辑

“因伤致病”逻辑关系，理解起来很简单。就是伤害和疾病，因果关系明确，前为因、后为果。也可以这么理解，从原因力方面分析，伤害对疾病结果的发生起到了关键的或重要的作用。这里有三个要素点：伤、疾病和作用力。要进行“因伤致病”的逻辑判定，“伤”“病”这两个要素就必须明确，缺一不可。有

"伤"没"病"进行该判定无必要，有"病"无"伤"进行该判断也不可行。

谁来判定？伤、疾病和作用力，这三个要素谁来明确？从社会分工和能力要求上看，是医疗机构；从实践中看，也应该是医疗机构。工伤保险行政机关、司法机关，既无该方面的机构职能、也无该方面的职业能力。

怎么判定？有资质的医疗机构从业人员，遵循医学知识、临床实践及其认为合理的判定准则等，明确三要素、进行"因伤致病"逻辑判定。需要注意的是，工伤认定中的"因伤致病"逻辑判定，是对具体个案、具体情形的判定，有很强的针对性，不是泛泛的类型性的概率统计分析。判定的过程可能要考虑各种原因力，但判定的结果必须明确。

判定形式？诊断，是医疗机构判定结果的有效途径。实践中，医疗机构多数在诊断结论上注明"盖章有效"。诊断证明书或医疗机构出具的其他有关诊断的文书材料，只要有医疗机构签章，均为出具诊断的有效形式。但不论怎样的有效判定形式，若判定为"因伤致病"的，内容上都必须是"伤导致疾病"。这是《北京市实施〈工伤保险条例〉若干规定》第十六条明确规定的。

谁来提交？职工提交相关“因伤致病”诊断是法定的，也是合理的。诊断类材料由工伤认定申请人提交、“因伤致病”诊断由职工提交，是条例和北京市政府规章明确的。实践中，职工到医疗机构就诊，形成医患关系，患者有权利索取诊断、医疗机构有义务出具，且二者在诊治过程中已经沟通、相对熟知，具备了后续沟通的基础，也易于“因伤致病”诊断的出具。而工伤行政机关到医疗机构调查核实时，除了不予配合、无人接待，医疗机构对个案的“伤”“病”因果关系不予判断、大多只谈类型性的医学知识，意义上大多只是程序上的尽职调查。

3. 结论

工伤行政部门在进行“因伤致病”工伤认定中，工伤认定申请人应提交“因伤致病”诊断，工伤行政部门应在工伤认定中予以确认；申请人未提供的，工伤行政部门到医疗机构调查核实，医疗机构确认没有其他诊断或者没有新的诊断的，工伤行政部门不予支持工伤认定申请人的“因伤致病”主张。

在心脑血管等疾病高发的时下，“因伤致病”工伤认定，既关乎职工利益、用人单位权益，也关乎基金安全和社会公平正义。严格执行法律的相关规定，以同一把“尺子”进行裁量，不因单位而异、不以职工不同，保障到位、但不越位，通过扎实的法律实践维护法律威严。

（三）工伤认定时效的计算

1. 一个典型案例

2011年11月27日葛×受伤，造成左胫腓骨粉碎性骨折。2012年7月3日葛×向朝阳区人保局咨询工伤申请事宜，在《个人工伤咨询登记表》上予以登记。2012年7月10日葛×向朝阳区仲裁委申诉，请求确认与北京某科技公司存在劳动关系，2012年11月14日朝阳区仲裁委作出京朝劳仲字［2012］第09018号《裁决书》，确认葛×与该公司2006年7月10日至2012年9月1日期间存在劳动关系，该《裁决书》已生效。后葛×多次前往朝阳区人保局提出工伤认定申请，并填写《工伤认定申请表》。朝阳区人保局工作人员未予收取。2013年6月18日，朝阳区人保局向天坛医院开具《说明》，说明葛×已向该局申报工伤，要求天坛医院给葛×补办初诊诊断证明，2013年6月19日天坛医院为葛×补开了诊断证明

2013年7月10日葛×向朝阳区人保局提交工伤认定申请表等材料，该局收取了葛×的工伤认定材料，并与当日给葛×出具了《工伤认定申请材料接受凭证》。2013年7月12日朝阳区人保局作出《工伤认定申请不予受理决定书》。葛×不服，向北京市人力资源和社会保障局申请行政复议。复议机关于2013年10月25日作出京人社复决字（2013）48号《行政复议决定书》，维持了朝阳区人保局的不予受理决定。

2. 当事人主张

葛×认为：其2011年11月27日受伤。多次去朝阳人保局申请工伤认定，该局给予了工伤认定申请表，并告知暂时不要填写日期，本人多次填写修改后，该局又以种种理由多次不受理。本人住院期间第49天就到该局，被告知等确认劳动关系或者取了钢板再来申请工伤认定，现在来的太早，后来又告知超期，正是由于朝阳人保局玩忽职守造成了本人工伤认定申请超期，请求法院撤销《工伤认定申请不予受理决定书》。

朝阳人保局认为：《工伤保险条例》第十七条规定了受伤职工应该在事故发生之日或被诊断、鉴定为职业病之日1年内提出工伤认定申请。第十八条规定了提出工伤认定申请应该提交的材料。也就是说，我局受理工伤认定的条件是受伤职工应该在规定的1年时限内提交上述完整的材料。葛×受伤的时间是2011年11月27日，即应该在2011年11月27日至2012年11月26日之间提交完整的工伤认定材料。2012年7月3日葛×曾到我局咨询过工伤认定的相关问题，但是并未提交任何资料。根据2013年7月10日葛×提交的仲裁裁决书，其向朝阳区仲裁委申请确认劳动关系的时间是2012年7月10日，距离2012年11月26日尚有140天。朝阳区仲裁委裁决日期为2012年11月14日。依照《北京市实施〈工伤保险条例〉若干规定》第9条的规定，如果是确认劳动关系的仲裁、诉讼时间可以在工伤认定申请1年时限内扣除。本案中，扣除上述确认劳动关系仲裁的时间，葛×应该在2013年4月2日前向我局提出申请。而葛×提交工伤认定申请材料的时间是2013年7月10日，显然已经超出法定时限。综上所述，我局作出的工伤认定不予受理决定书事实清楚，证据充分，程序合法，适用法律正确，应予维持。

3. 复议机关意见

复议机关认为：根据《工伤保险条例》第五条第

二款的规定，朝阳区人保局负有对本辖区内出现的工伤事件进行调查并作出认定的职权。该条例第十七条第二款规定，用人单位未按前款规定提出工伤认定申请的，工伤职工或者其近亲属、工会组织在事故伤害发生之日或者被诊断、鉴定为职业病之日起1年内，可以直接向用人单位所在地统筹地区社会保险行政部门提出工伤认定申请。《北京市实施〈工伤保险条例〉若干规定》第九条规定，因确认劳动关系发生争议影响工伤认定的，应当在申请工伤认定前依法解决劳动争议。解决劳动争议的时间，不计算在工伤认定申请时限内。葛 × 自伤害发生之日起至向朝阳区人保局申请工伤认定之日，扣除解决劳动关系争议的时间，已超过1年的申请时限，故朝阳区人保局作出不予受理的决定并无不妥。根据《中华人民共和国行政复议法》第二十八条第一款第（一）项的规定，维持被申请人朝阳区人保局作出的具体行政行为。

4. 司法裁判意见

法院认为：依据《工伤保险条例》的规定，县级以上地方各级人民政府社会保险行政部门负责本行政区域内的工伤保险工作。故本案朝阳人保局作为社会保险行政部门对其辖区内企业职工的工伤认定申请具有审查并决定是否受理的职责。

对于工伤认定申请权利的行使，依据《工伤保险条例》第十七条第二款规定，用人单位未提出工伤认定申请的，工伤职工或者其近亲属、工会组织在事故伤害发生之日或者被诊断、鉴定为职业病之日起1年内，可以直接向用人单位所在地统筹地区社会保险行政部门提出工伤认定申请。法院认为，提出工伤认定申请系行政法规赋予工伤职工或其近亲属的一项法定权利，不应以提交材料齐全作为认定申请人提出申请的标准，亦不应以朝阳人保局未收取工伤认定申请材料而否认行政相对人该项权利的行使。本案中，朝阳人保局主张葛×于2013年7月10日始向该局提出工伤认定申请，但葛×提交的《说明》能够证明，葛×于2013年6月18日为朝阳人保局向天坛医院开具《说明》，确认葛×已向该局申报工伤，要求天坛医院为其开具初诊诊断证明，因此能够认定葛×已于2013年6月18日以前向朝阳人保局提出了工伤认定申请，朝阳人保局的所述主张缺乏充足的事实依据，其作出的不予受理决定认定事实不清，亦不符合《工伤保险条例》保障劳动者依法获取工伤保障的立法本意，并未体现最大限度保护劳动者权益的基本原则。

并且，庭审中查明葛 × 受伤后及收到仲裁裁决后曾多次到朝阳人保局处提交工伤认定申请材料并表示提出工伤认定申请，因此应视为葛 × 已在法定期限内向朝阳人保局多次提出过工伤认定申请，该局关于葛 × 提出申请已超过一年的申请时限的主张不能成立，法院不予支持。

另，朝阳人保局关于劳动者必须提交工伤认定申请表等多种材料方可收取其提交的材料进而决定是否受理的主张，法院认为提交材料齐备应为朝阳人保局受理工伤认定申请的条件，而非工伤职工提出认定申请的认定条件，朝阳人保局的所述主张没有法律依据，法院不予支持。

依据《中华人民共和国行政诉讼法》第五十四条第（二）项第 1 目之规定，撤销被告北京市朝阳区人力资源和社会保障局于 2013 年 7 月 12 日作出的京朝人社工不受字（2013）第 0013279 号《工伤认定申请不予受理决定书》；责令被告北京市朝阳区人力资源和社会保障局于本判决生效后二十日内对原告葛 × 提出的申请重新进行处理。

5. 案件评析

此案在复议、诉讼过程中，出现了两种结果。复议机关作为上级业务指导机关，对案件进行了合法性审查，朝阳人保局在本案中法律适用（实体）并无不妥，故对朝阳人保局作出的行政行为予以维持。

法院对本案进行了合法性和合理性双重审查。葛×、朝阳人保局在案件审理期间，均对于各自主张提交相关证据予以证明。经法院审理查明，朝阳人保局在前期接收葛×认定工伤材料过程中，确有瑕疵；对于法律条文的理解也存在偏差。

综上，我们倾向于法院判决所述内容。人保局作为与百姓密切相关的行政机关之一，在作出具体行政行为时，要坚持以最大限度保护劳动者权益为基本原则，即要合法又要合理。行政机关要积极履行法定职责，而非不履行、拖延履行或者消极被动的履行法定职责。

三、社会保险费征收、稽核与支付问题

（一）社会保险费补缴问题

《社会保险法》第十二条规定：职工应当按照国家规定的本人工资的比例缴纳基本养老保险费，记入个人账户。目前稽核工作中出现的一个棘手的问题是

无法确定投诉补缴社会保险费的个人要求补缴年度的上一年月平均工资，导致补缴基数不能确定。

由于个人的缴费基数，无论是正常缴纳时的基数还是补缴的基数都直接关系到个人领取社会保险待遇的水平，因此是补缴工作中非常核心的一个问题，在补缴基数不能确定时很难完成补缴工作。而我市目前对于这个问题没有明确的规定，如何解决这个问题成为了稽核工作中一个重要的课题。

1. 基本案情

投诉人张 ×，男，48 岁，于 2014 年 5 月持法院判决其与 A 单位在 1996 年 12 月至 1997 年 12 月存在劳动关系的判决到朝阳社保中心要求 A 单位补缴 1996 年 12 月至 1997 年 12 月的社会保险费。在调查过程中，单位无法提供财务凭证和工资发放情况，主要原因是会计法上明确规定此类会计凭证保留 15 年后可以依法销毁，由于投诉人与单位双方均无法提供该时间段的工资发放材料，因此无法核定投诉人该时间段的社会保险基数。依据《关于贯彻执行〈社会保险稽核办法〉的几个具体问题的补充通知》[京劳社保发（2006）48 号] 第二条第一款的规定，朝阳终止该案件的办理并向投诉人出具了《个人告知书》。后投诉人到北京市朝阳区人民法院申请了行政诉讼，这个案件提出的主要问题是对于个人投诉要求补缴社会保险费无法确定缴费基数的应当如何处理？

2. 对于无法确定上一年度月平均工资的职工，确定缴费基数的相关规定

关于社会保险费缴费基数的确定，北京市目前主要执行《北京市基本养老保险规定》（183 号令）及其配套文件的规定。《北京市基本养老保险规定》（183 号令）第十二条：城镇职工以本人上一年度月平均工资为缴费工资基数，按照 8% 的比例缴纳基本养老保险费，全额计入个人账户。缴费工资基数低于本市上一年度职工月平均工资 60% 的，以本市上一年度职工月平均工资的 60% 作为缴费工资基数；超过本市上一年度职工月平均工资 300% 的部分，不计入缴费工资基数，不作为计发基本养老金的基数。但是对于无法确定上一年度月平均工资的职工，如何确定缴费基数，《北京市基本养老保险规定》（183 号令）没有给予明确的规定。

（1）现行部门规章的规定

人力资源和社会保障部令第 20 号令《社会保险费申报缴纳管理规定》（2013 年 11 月 1 日起施行）第

八条：用人单位应当自用工之日起 30 日内为期职工申请办理社会保险登记并申报缴纳社会保险费。未办理社会保险登记的，由社会保险经办机构核定其应当缴纳的社会保险费。用人单位未按照规定申报应缴纳的社会保险费数额的，社会保险经办机构暂按该单位上月缴纳数额的 110% 确定应缴数额；没有上月缴费数额的，社会保险经办机构暂按该单位的经营状况、职工人数、当地上年度职工平均工资等有关情况确定应缴数额。用人单位补办申报手续后，由社会保险经办机构按照规定结算。

（2）现行北京市政府规章的规定

医疗保险：《北京市基本医疗保险规定》（市政府 158 号令）第十条（2001 年 4 月起施行）。第十条第四款：无法确定职工本人上一年月平均工资的，以上一年本市职工月平均工资为缴费工资基数，缴纳基本医疗保险费。

生育保险：《北京市企业职工生育保险规定》（154 号令）第七条（2005 年 7 月起施行）。第七条第三款“……本人上一年月平均工资无法确定的，按照上一年本市职工月平均工资计算。”

（3）已废止的相关规定

对于无法确定上一年度月平均工资的职工，其缴费基数如何确定的问题，以下文件进行过相关规定：

第一，北京市政府规章的规定。关于贯彻实施《北京市企业城镇劳动者养老保险规定》(北京市人民政府令1996年第1号）有关问题的通知［京劳险发（1996）87号］附件1（实施期间1996.4~1998.6)，其中第三点：用人单位和被保险人在缴纳基本养老保险费时，无法确定上一年工资总额的，以上一年本市职工月平均工资为基数按规定的比例缴纳基本养老保险费；《北京市企业城镇劳动者养老保险规定》(1998年2号令）第二十条（实施期间1998.7~2006.12)，第二十条第四款被保险人无法确定本人上一年月平均工资的，以上一年本市职工月平均工资为基数缴纳基本养老保险费；

第二，北京市人力资源和社会保障局规范性法律文件的规定。《关于对间断缴纳基本养老保险费等有关问题的处理办法》(京劳社养发［2002］206）第三条（实行期间2003.1-2009.2)，其中第三点规定“……无法提供有效工资收入凭证的，以相应缴费年度上一年本市职工平均工资为基数……”

3. 目前法院以及各部门的不同观点以及利弊分析

由于在处理个人投诉案件中，缴费基数无法确定的案件非常棘手，一方面投诉人即职工个人要求补缴，另一方面对于缴费基数各方均不能提供必要的证据和资料，导致稽核部门无法将案件进行下去，虽然《关于贯彻执行〈社会保险稽核办法〉的几个具体问题的补充通知》[京劳社保发（2006）48号]规定了对于举报人和被举报单位均无法提供必要的证据和资料的（包括工资收入、单位主体变更后权利义务承受关系、举报人身份证明、劳动关系等）稽核终止。但是没有得到部分法院的支持。

无法确定上一年度月平均工资的职工，确定缴费基数的办法，大约有如下几个观点：

观点一：依照程序从新，实体从旧的法理原则，适用补缴期间实施的确定基数的规定。即投诉人如要求补缴1996年4月至2009年2月期间的社会保险，如无法确定本人上一年度月平均工资，依据关于贯彻实施《北京市企业城镇劳动者养老保险规定》（北京市人民政府令1996年第1号）有关问题的通知[京劳险发（1996）87号]、《北京市企业城镇劳动者养老保险规定》（1998年2号令）以及《关于对间断缴纳基本养老保险费等有关问题的处理办法》[京劳社养发

（2002）206〕等文件，以上一年本市职工月平均工资为缴费工资基数。

观点二：对于无法确定本人上一年度月平均工资的投诉补缴，原则上以上一年度本市职工月平均工资为缴费基数，但应同时考虑用人单位经营状况以及职工人数。

观点三：对于无法确定本人上一年度月平均工资的投诉补缴，均以上一年本市职工月平均工资为缴费工资基数。

观点四：对于无法确定本人上一年度月平均工资的投诉补缴，除上一年度本市职工月平均工资外，还应当考虑到投诉职工的工资水平，同单位同岗位其他职工的缴费基数，整个企业职工的工资水平，如明显高于上一年度本市职工月平均工资，应当用高于上一年度本市职工月平均工资的数额作为补缴基数。

观点五：对于无法确定本人上一年度月平均工资的投诉补缴，可以适用当年社保基数下限为职工补缴。

第一种观点是法院依据法律适用的原则提出的观点，如果这种观点被采纳，那么在实践工作中只要投诉时间段为 1996 年 4 月至 2009 年 2 月，那么就可以适用相关规定：对于无法确定本人上一年度月平均工资的投诉补缴，均以上一年本市职工月平均工资为缴费工资基数。

第二种观点是依据《社会保险费申报缴纳管理规定》提出的观点，该条款中提出确定缴费基数有3个基本因素：该单位经营状况、职工人数、当地上年度职工平均工资。以上三个因素中只有当地上年度职工平均工资是确定的，单位经营状况是复杂的评价体系，职工人数与投诉补缴个人没有明确的关系，只有单位整体补缴时应当重点考虑。因此在确定个人缴费基数时应以当地上年度职工平均工资为主，适当考虑其他因素。

第三种观点的主要理由有四个：1. 现行的规定中《社会保险费申报缴纳管理规定》提出的因素有三个该单位经营状况、职工人数、当地上年度职工平均工资，只有当地上年度职工平均工资是确定的；2. 现行的我市医疗保险和生育保险均明确规定无法确定上一年度月平均工资的职工，以上一年本市职工月平均工资为缴费工资基数，按照五险统一征收的原则，应当一致；3. 我市已经废止的规定也都是规定无法确定上一年度月平均工资的职工，以上一年本市职工月平均工资为缴费工资基数。4. 如此规定简单易行，在实践中不易出现异议。但是这种观点的不足之处在于，对于工资高于上一年度的本市社平工资的投诉人，将会出现不公平，也有可能间接地使企业怠于为高工资的职工申报社会保险。

第四种观点是对于第三种观点的修正，即要考虑投诉职工的个人应当适当的工资水平，以及整个企业的工资水平，避免出现对于投诉人的不公平，也要适当的增加用人单位不为职工申报社会保险的违法成本。但是这种观点的不足在于：其一，加大了个案的自由处理裁量的权利，容易出现争议；其二，整个企业的工资水平很难确定，现代企业用工比较复杂，工资水平差距比较大，即便是同一岗位工资水平也各不相同，作为参考依据确定比较复杂。

第五种观点是部分远郊区县提出的观点，因为远郊区县的工资水平较低，对于劳动关系明确，不能提供上一年月平均工资的，他们认为既然有劳动关系，那么至少要缴纳最低数额的保险。这种观点理由非常明确，但只对于工资水平较低的地区相对适用。

4. 关于无法确定本人工资的个人投诉补缴社会保险费的建议

综合各方观点以及在实践工作中的情况，我们提出如下建议：

（1）根据投诉期间不同予以不同的依据进行处理

第一，对于在有相关规定的年度内的补缴（1996年4月至2009年2月），如上一年月平均工资无法确定，依照实体从旧，程序从新的原则，按照上述文件规定均以上一年本市职工月平均工资为缴费工资基数。但是对于是否可以这样适用已废止的法律文件，由于目前没有具体案例，不知能否得到法院系统的支持。

第二，对于没有明确规定期间的投诉补缴案件，建议政策部门尽快建立以上一年本市职工月平均工资为主要参考标准，同时适当考虑其他因素确定缴费基数的制度。

（2）将《社会保险费申报缴纳管理规定》的规定适用于解决个人投诉补缴案件

将《社会保险费申报缴纳管理规定》（人社部20号令）（2013年11月1日起施行）第八条适用于解决个人投诉补缴案件，2013年11月1日后投诉的案件，不论要求补缴的年度为2013年11月1日以前还是2013年11月1日以后，在要求补缴年度的个人上一年月平均工资无法确定的情况，均按照第8条的规定，以当地上年度职工平均工资为主，适当考虑其他因素确定缴费。

（二）先行支付问题

1. 现行《社会保险法》关于先行支付制度的相关规定

2011 年 7 月 1 日起开始施行的《社会保险法》规定了三种先行支付的情形，主要包括在以下几个方面：一是在《社会保险法》第三十条第二款规定："医疗费用依法应当由第三人负担，第三人不支付或者无法确定第三人的，由基本医疗保险基金先行支付。基本医疗保险基金先行支付后，有权向第三人追偿。"；二是在第四十一条第一款规定："职工所在用人单位未依法缴纳工伤保险费，发生工伤事故的，由用人单位支付工伤保险待遇。用人单位不支付的，从工伤保险基金中先行支付。"；三是在第四十二条规定："由于第三人的原因造成工伤，第三人不支付工伤医疗费用或者无法确定第三人的，由工伤保险基金先行支付。工伤保险基金先行支付后，有权向第三人追偿。"同时在《社会保险法》对于先行支付制度的实施条件也做了相应的规定，但是比较具有原则性不能够进行具体的操作对于实施中的问题也没有作出一个应有的规避方式的考量。

2.《社会保险法》中先行支付制度存在的问题

尽管《社会保险法》以及《社会保险基金先行支付暂行办法》对先行支付适用及操作做了一些规定，在一定程度上也体现了以人为本的立法思想，但是，在现实中由于缺少具体详细的操作指引，施行的过程中还是会存在一些漏洞和不足。近年工伤报销的总费用提升幅度较大；在新的工伤保险条例中，职工住院治疗工伤的伙食补助费，以及经医疗机构出具证明、报经办机构同意，工伤职工到统筹地区意外就医所需的交通、食宿费用也从工伤保险基金中支付；保障范围的扩大也在一定程度上增加了基金的支出；另外先行支付后，追偿困难的问题也极大地增加了基金风险。事实上，在涉及第三方责任的处理中，以交通事故为例，如果肇事方与受害方共同担责，但在交警或者法院的调解中没有将侵权损失的比例予以明晰，容易造成受害者重复受益，直接增加基金的负担与风险。

3. 完善我国先行支付制度的措施

第一，积极构建工伤认定部门联动机制。对劳动关系不明确的工伤案件，必须尽快建立工伤认定职能部门、劳动监察机构、劳动仲裁机构横向联动机制，否则受伤害职工将会因为难以认定工伤而无法申请工伤保险基金先行支付的相关待遇，因此，必须尽快建立该项工作机制，以确保工伤认定工作运转顺畅。

第二，设立工伤保险先行支付基金进行专项核算。这一部分基金按照一定比例，由财政部门拨款、工伤保险基金、违法单位的赔偿和罚款等几部分共同构成，这样有利于明确先行支付的收入和支出，避免对先前的工伤保险基金过度使用；加强对违法单位的追缴力度，既保障基金的安全运作，又在最大程度上实现基金对未参保工伤劳动者的保障，真正体现以人为本的理念。另外，应根据统筹地区工伤保险参保情况、工伤发生率、工伤赔付率、意外事故发生和救济情况等，科学编制工伤保险基金预算。在确保工伤保险待遇正常给付的前提下，统筹安排先行支付资金，由于先行支付资金有一定的不可预测性，建议把先行支付所需资金纳入工伤保险储备金，并适当提高储备金提取比例；还应规范管理，根据法律规定和经办工作的实际，研究制定先行支付的条件、标准，严把先行支付关口，在出口上把好关。

第三，完善先行支付的相关制度。先行支付必须由受偿人向社会保险部门提出申请，劳动者在受伤后治疗的同时，向第三方或未缴纳保险费的用人单位要求支付有关费用，遭到拒绝后又转向社会保险行政部门申请先行支付，由此可见受害个人有两个对应的义务主体，那么究竟由谁来履行义务呢？在这里必须明确，社会保险行政部门承担的是垫付责任。因此，受害人必须提出申请，经批准后社会保险经办机构才能履行先行支付责任，同时，受害人的申请还意味着他让渡了对其义务主体的追偿权，在提出申请前已与第三人或未缴纳工伤保险费的用人单位达成协议，由于某种原因又向社会保险行政部门提出先行支付申请，申请人应当向社会保险行政部门说明，社会保险行政部门应当根据情况作出处理。如果未向社会保险行政部门说明，造成社会保险基金损失的，由申请人承担法律责任。对于向社会保险行政部门提出先行支付申请后，双方又达成的赔偿协议应认定为无效，但对于先行支付数额以外的事项和金额达成的协议应认定为有效，这也体现了保险法的补偿原则。

第四，明确被保险人的协助义务。必须向被保险人表明其向保险人提供行使代位求偿权的协助是一项法定义务。包括：被保险人应该尽可能地将与保险人对第三者的损害赔偿请求权有关的文件，提供给保险

费单位可以申请人民法院扣押、查封、拍卖其价值相当于应当缴纳社会保险费的财产，以拍卖所得抵缴社会保险费的权利，这样可以有效地维护职工的合法权益，对这些违法单位的打击也有了更为强劲的手段。

针对用人单位未足额按时缴纳社会保险费的情况《社会保险法》第六十三条规定社会保险征收机构需采取以下方式：

1. 查询存款账户

社会保险费征收机构责令用人单位限期缴纳或者补足，用人单位逾期仍未缴纳或者补足社会保险费的，征收机构可以向银行和其他金融机构查询用人单位的存款账户。

这种方式只能限定在通过对单位进行询问知道单位开户行及账号的情况下才能查询。但是在实际工作中我们发现许多单位都在多家银行开户，当单位欠缴社会保险费时往往故意隐匿银行信息，或者提供的银行存款账户无余额，使得此项工作无法正常开展。

2. 申请有关部门划拨社会保险费

经查询，用人单位在银行和其他金融机构的存款账户有余额的，社会保险费征收机构可以申请县级以上有关行政部门作出划拨社会保险费的决定，书面通知其开户银行或者其他金融机构划拨社会保险费。

社保征收机构在向行政部门申请行政划拨的程序现在还没有统一规定，我们应制定全市统一的程序和文书，完善这项工作。

3. 要求用人单位提供担保

此程序在《社会保险费申报缴纳管理规定》（人社部 20 号令）第二十一至二十三条有明确规定。经查询，用人单位在银行或其他金融机构的存款账户余额少于应缴社会保险费的，社会保险费征收机构可以就该账户余额申请县级以上有关行政部门作出划拨社会保险费的决定，并书面通知其开户银行或者其他金融机构划拨社会保险费。对剩余的社会保险费，征收机构可以要求该用人单位以抵押、质押的方式提供担保，签订延期缴费协议。用人单位在延期缴费协议规定的期限内未履行缴纳社会保险费义务的，征收机构可以根据延期缴费协议的规定，对用人单位用于担保的财产依法进行处置，以处置所得抵缴社会保险费。

对此项程序的落实需要完善对评估机构的选定工作，还应明确在何种情形下采取抵押或者质押。

4. 申请人民法院扣押、查封、拍卖

用人单位未足额缴纳社会保险费且未提供担保

的，社会保险费征收机构可以申请人民法院启动强制执行程序。人民法院经审查认为符合条件的，可以做出扣押、查封决定，将用人单位相当于应缴社会保险费的财产予以扣押、查封，拍卖，以拍卖所得抵缴社会保险费。同时在《社会保险费申报缴纳管理规定》（人社部20号令）第二十五、二十六条进行了明确规定。

向法院申请强制执行时需要提供的材料在《社会保险费申报缴纳管理规定》（人社部20号令）第二十六条进行了规定，其中第一款第六项规定需要提供“申请强制执行的用人单位财产情况”，在实际工作中，我们无法掌握欠费单位的财产情况。能够清还欠费的单位通过前期三个程序已经进行了清还，能够进行第四个程序的单位一般是不配合或者财产转移的单位，我们无法掌握其财产情况，就因为此原因就不能申请强制执行，将无法维护职工的权益。

建议修改此规定，用人单位未足额缴纳社会保险费且未提供担保的，社会保险费征收机构可以申请人民法院启动强制执行程序。人民法院在执行过程中根据实际情况对欠费单位采取相应的措施，使用人单位还清所欠的社会保险费。

四、社会保险监督与查处问题

（一）以欺诈、伪造材料等手段骗取社会保险的查处问题

为了维护公民参加社会保险和享受社会保险待遇的合法权益，劳动保障监察机构依据《社会保险法》进行执法，在开展行政执法检查中遇到一些问题，这些问题影响着监察效能在监督社保法实施过程中的充分发挥。下面我们就《社会保险法》第八十七条、第八十八条在具体实施行政处罚过程中的关于处罚的主体、处罚基数的相关问题进行探讨，以期在行政执法中给大家以启发。

1. 关于处罚的主体问题

2014 年 6 月份，某区人民检察院在侦破一起国家工作人员受贿案件中发现刘 × 不符合因病提前退休的条件，却使用了虚假的病历材料在该区人力社保部门获取了因病丧失劳动能力提前退休的资格，并享受了社会保险待遇。劳动保障监察机构掌握此线索后立案进行了调查，经查：刘 × 办理劳动能力鉴定的档案材料中申报劳动能力鉴定的单位名称为 A 单位，A 单位的法定代表人陈述，刘 × 不是他单位的职工，至于

刘×是如何在他的单位办理提前退休的，他本人不清楚。他还陈述，他的单位之前有一个员工离职了，这件事应该是这个员工办理的，现在跟这个员工联系不上。经过核实，A单位申报的刘×的病历材料是一份虚假的病例。在对刘×的委托代理人也是刘×的妻子李×的调查中，李×陈述，刘×是她的丈夫，今年56岁，之前是一名享受社会保险补贴的“4050”人员，社会保险在户口所在地的街道社保所缴纳。刘×从2007年开始患有轻度心脏病和高血压，之后几年病情继续加重，因为身体原因一直没有找到工作，精神比较压抑，还患上轻度忧郁症，家中还有一个上大学的女儿，家中生活来源仅靠李×的退休费，生活拮据。2012年8月，李×在其居住的小区里认识了一名“热心”的大姐，这个大姐自称姓张，李×就称呼她“张姐”。聊天过程中，李×把自己家庭现状告诉了张姐，并把给刘×办理提前退休的想法告诉了张姐。张姐说，她有朋友可以帮助刘×办理提前退休，但需要花些钱。李×听了很高兴，在征得刘×的同意后，就请张姐帮忙给刘×办理提前退休，约定事成之后支付好处费25000元。过了几天，张姐和李×联系说，刘×的社会保险需要转到一家单位缴纳，经测

算需要李 × 再交 8600 元社保费。李 × 表示同意。又过了几天，李 × 按照张姐的要求把刘 × 的身份证复印件、户口本复印件、存档卡、照片和 8600 元现金全部给了张姐。2013 年 9 月份，张姐和李 × 联系说刘 × 的退休手续办好了，并约定了见面时间和地点。见面后，张姐交给了李 × 一张邮政储蓄卡，说这就是刘 × 的退休金银行卡。李 × 到银行查询，果然卡中有金额。在确信张姐已经把刘 × 的退休手续办好之后，李 × 把事前约定好的 25000 元好处费交给了张姐。之后，李 × 再也没有联系过张姐。李 × 不知道张姐是如何为刘 × 办理提前退休的手续的。

当劳动保障监察员向李 × 出示 A 单位为刘 × 申报的《劳动能力鉴定申请表》时，李 × 陈述她不知道 A 单位这个单位，申请表上本人意见栏中也不是她和刘 × 本人的签字。当劳动保障监察员向李 × 出示 A 单位为刘 × 申报的病历材料时，李 × 表示从来没有给过张姐刘 × 本人的病例，这份病例不是刘 × 的。

根据李 × 本人的陈述、A 单位法定代表人的陈述以及收集的虚假病历材料、《劳动能力鉴定申请表》、《劳动能力鉴定结论通知书》等证据材料，区人力社保部门认为，刘 × 委托李 × 通过非正常渠道委托他人办理提前退休手续，事前约定好处费，并交给受委托人身份证复印件、户口本复印件、照片、存档卡等个人资料后，A单位通过给刘×申报虚假的病历材料和其他相关资料，最终使刘×获得因病丧失劳动能力提前退休资格，并取得社会保险待遇；事成之后，给受委托人“张姐”兑现好处费25000元。该行为已经构成《社会保险法》第八十八条“以欺诈、伪造证明材料或者其他手段骗取社会保险待遇”的情形。根据《社会保险法》第八十八条的规定，区人力资源社会保障局责令刘×在三日之内将骗取的社会保险金五万余元退还区社保中心，并拟处以两倍罚款的行政处罚。

此案骗取的环节中，涉及到刘×（享受待遇的人）、李×（享受待遇人的妻子）、张×（中间人）、A单位的工作人员、社会保险部门工作人员等五人，应对谁进行处罚？

对处罚主体的不同观点有以下三种：

观点一：刘×未参与骗取的过程，不符合第八十八条“以欺诈、伪造证明材料或者其他手段骗取社会保险待遇”的情形，不能予以处罚。

观点二：刘×虽然表面上没有骗取的情形，但其为受益人，本身应该知道，在正常情况下不应该享受养老保险待遇，但其还坚持领取，属于明知不可为而为之，应该承担相应的法律责任，所以应对刘 × 予以处罚。

观点三：此案在骗取的环节中涉及到多人，他们的行为符合第八十八条规定的骗取情形，且法律没有规定处罚主体必须唯一，因此对案件涉及到的人均予以处罚。

笔者赞同第三种观点，对在骗取的关节中所有人员予以行政处罚。但由此引申出处罚的基数问题，按照第八十八条“处骗取金额二倍以上五倍以下的罚款”的规定，骗取金额只有刘 × 退回的养老保险金，那么针对每个人处罚的基数如何确定？

2. 关于处罚的基数问题

（1）一个案例

2014 年 5 月，群众举报某定点医疗机构口腔科通过项目替换手段骗取医疗保险基金支出，经立案调查：该医院口腔科在 2013 年 1 月至 2014 年 4 月期间，将 272 名医保患者应自费支付的义齿费用替换、分解为医保报销范围内的牙周炎、牙髓炎等治疗项目，骗取医疗保险基金支出共计 80418.88 元，造成医保基金起付线损失 27145.95 元。

（2）一个概念

医保起付线是“基本医疗保障”的起付标准。按照“医保基金与参保人员个人共同负担住院医疗费”的基本医疗保险制度改革原则，参保人员在定点医疗机构实际发生的属于基本医疗保险“目录”范围内的医疗费，自己要先承担一部分后，医保基金才按规定比例支付。这个个人先负担的医疗费数额标准，就是医保基金支付参保人员医疗费的“起付线”。起付标准以下的医疗费由病员个人负担。

（3）实施处罚基数两种不同的观点

观点一：按照《社会保险法》的规定，按照退回骗取的社会保险金作为处罚基数；起付线内的金额本来就是由个人支付的，不能作为处罚的基数。

观点二：退回骗取的社会保险金之外，还应该加上骗取的起付线内的部分，原因是门诊起付线虽然由个人支付，但作为费用报销的前提，如果在正常看病的情况下，没有之前的违规行为，达不到起付线的标准，那么是不应该享受医疗保险报销待遇的，因此应该作为处罚基数的一部分。

笔者认同第二种观点，起付线的金额虽然由个人承担，无法将起付线退回医疗保险基金，但在《北京市基本医疗保险规定》(北京市人民政府令第158号)的相关规定，基本医疗保险基金要专款专用，不得挤占或者挪用。将医疗保险保险范围外的诊疗项目写成医疗保险范围内的项目本身是一种骗取行为，因此，将起付线的金额作为处罚金额的一部分计算。

（二）社会保险类案件中的查处时效与职能划分

社会保险的缴纳事关劳动者及用人单位的切身利益，依法处理社会保险类案件是社会保险行政部门及社会保险费征收机构的重要职责。同时社会保险类案件情况复杂，涉及面广，如何做到既保护好受侵害职工的权益，又要依法办理案件不超越权限，值得研究和探讨。下面就涉及社会保险类案件的两个问题进行分析，一是社会保险类案件查处时效问题，二是社会保险类案件查处的职能划分问题。

1. 关于社会保险类案件的查处时效问题

这里的查处时效，指人力社保行政部门（为方便起见，以下称劳动行政部门）对用人单位的违法行为追究其行政法律责任的时限，也就是劳动者权益受到保护的期限。依照《民法通则》的规定，人民法院对于请求保护民事权利的诉讼时效期间一般为两年；在劳动行政执法领域，行政机关对于公民（劳动者）投诉举报的事项，查处的时效不超过两年，主要依据为《中华人民共和国行政处罚法》及《劳动保障监察条例》。《行政处罚法》第二十九条规定："违法行为在二年内未被发现的，不再给予行政处罚。法律另有规定的除外。前款规定的期限，从违法行为发生之日起计算；违法行为有连续或者继续状态的，从行为终了之日起计算。"《劳动保障监察条例》第二十条规定："违反劳动保障法律、法规或者规章的行为在2年内未被劳动保障行政部门发现，也未被举报、投诉的，劳动保障行政部门不再查处。前款规定的期限，自违反劳动保障法律、法规或者规章的行为发生之日起计算；违反劳动保障法律、法规或者规章的行为有连续或者继续状态的，自行为终了之日起计算。"

因此，对于劳动行政部门来说，两年的查处时效是明确的，劳动行政部门依据《行政处罚法》及《劳动保障监察条例》开展行政执法工作，应该遵从查处时效的规定。

为更明确的说明劳动行政部门对于社会保险类案件的查处时效，现通过案例来阐述：2014年3月18

日，王 × 向海淀区人力社保局投诉某科技有限公司，要求该单位为自己补缴2011年2月至2011年12月期间的社会保险费。由于被投诉单位已办理过社会保险登记，该投诉属于少缴漏缴社会保险费事项，后由海淀区社会保险基金管理中心（征收机构）稽核部门受理并查处。海淀区社保稽核部门经调查，投诉人王 × 为外省城镇户籍，于2011年2月入职该公司，从事产品推销工作，于2014年3月离职。该公司从2012年1月开始为王 × 缴纳社会保险费，现欠缴其2011年2月至2011年12月期间的社会保险费。海淀区社保稽核部门经查证属实，于2014年6月4日依法向该单位发出了《社保稽核整改指令书》，责令该单位于2014年6月27日前为王 × 补缴2011年2月至2011年12月期间的社会保险费，该单位拒绝改正，在期限内未能为投诉人王 × 补缴上述期间的社会保险费。后社保稽核部门依据《中华人民共和国社会保险法》第八十六条的规定，拟将此案移转劳动行政部门（劳动监察大队）启动行政处罚及社保费划拨程序。

在上述案件中，用人单位欠缴社会保险费的期间为2011年2月至2011年12月，而投诉人向有关部门投诉的时间为2014年3月18日，依照前述有关查处时效的规定，其反映的问题已超过劳动行政部门二年的查处时效。但由于此案前期属于补缴社保费问题，依照《社会保险法》的规定，未按时足额缴纳社会保险费的由社会保险费征收机构责令缴纳，而社会保险费征收机构（社保稽核部门）目前无查处时效的规定，因此依然可以受案并处理。此案在向劳动监察大队移转过程中，对于是否受案，有两种不同的看法：一种认为，劳动行政部门应依据《行政处罚法》及《劳动保障监察条例》的规定，严格遵守时效规定，对于违法行为超过二年的不应再查处；另一种认为，社会保险问题涉及当事人的重大利益，不应简单的以时效为由不履行职责，而应受案并查处。

对于用人单位的违法行为，应区分其性质。本案中该单位因欠缴社会保险费而违法，其违法行为产生的时间为 2011 年 2 月至 12 月，考虑到社会保险费按月缴纳，其违法行为每月间呈连续状态，劳动监察部门的查处时效应从其违法行为终了之日也就是 2012 年 1 月 1 日起算，至 2013 年 12 月 31 日结束。若将此违法行为视为实体性的违法（因不缴纳社会保险费而违法），则不应再进行查处。但是，若将其不缴纳社会保险费的违法行为视为程序性的违法（因不履行社保经办机构的整改指令而违法），则可以考虑不受上述时效的限制。关于《社会保险法》第八十六条中对用人单位违法行为处罚性质的理解，有待厘清，若能准确定性，之后的时效问题也就相应有了答案。

2. 关于社会保险类案件查处的职能划分问题

按照2011年7月1日实施的《中华人民共和国社会保险法》的规定，社会保险行政部门（即人力社保行政部门）对于用人单位涉及社会保险违法行为的处理，有较为明确的规定。相对应的，关于经办及缴费业务管理，对社会保险经办机构及社会保险费征收机构（本市为各级社保基金管理中心）也有着较为明确的授权。为了有效的履行各自的职责，处理好社会保险类违法案件，在业务层面上有必要进一步划分清楚各自的职能。

简言之，社会保险行政部门（为方便起见，以下称劳动行政部门）有权针对用人单位的社会保险参保情况进行监督检查，调取有关材料，并就违法行为进行纠正和处罚。从业务分工来讲，劳动行政部门主要负责三项工作，一是监督检查用人单位办理社会保险登记的情况（五十七条、五十八条、七十七条、八十四条），二是对相应的违法行为进行处罚（八十四条、八十六条、八十七条、八十八条），三是对欠费单位做出划拨决定并实施社保费划拨（六十三条）。其中，社会保险登记的监督检查包含两项内容：一是用人单位本身是否依法向经办机构申请办理了登记；二是用人单位是否为其员工向经办机构申请办理了登记，对于这两项违法行为，劳动行政部门有权依法责令单位限期改正。对涉及社会保险的违法行为实施行政处罚，包含三种情况：一是用人单位未依法办理社会保险登记经责令改正逾期不改正的，对该单位处以罚款，同时对该单位直接负责的主管人员和其他直接责任人员处以罚款；二是用人单位欠缴社会保险费经征收机构（本市各级社保基金管理中心）责令限期缴纳而不缴纳的，对该单位处以罚款；三是社会保险经办机构及医疗机构、药品经营单位等社保服务机构或其他相关人员骗取社会保险基金支出或者待遇的，责令退回骗取的社会保险金并处以罚款。

本市各级社保基金管理中心（社会保险经办机构和社会保险费征收机构）负责社会保险经办工作和社保费征收工作，从执法层面来讲，主要是征收工作（六十一条、六十二条、六十三条、八十六条）。各级社保基金管理中心（稽核部门）有权按照《社会保险法》及《社会保险稽核办法》、《社会保险费申报缴纳管理规定》等规定对用人单位的缴费情况进行核查，并责令欠缴单位限期缴纳或者补足。其担负的主要职责包括：一是对用人单位的缴费情况进行核查并对欠缴单位责令限期缴纳或补足社会保险费；二是向用人单位开户银行或其他金融机构查询其存款账户；三是向所属的社会保险行政部门申请作出划拨决定；四是向当地人民法院申请强制执行。在上述案例中，当事人投诉的欠缴社会保险费问题应首先由社保中心的稽核部门（经办机构及征收机构）进行核查并责令单位限期补缴保费，用人单位不改正的，则移交劳动行政部门进行处罚。同时经办机构要查询该单位的账户情况，向劳动行政部门申请划拨社会保险费。在划拨不能的情况下，经办机构还可以向当地人民法院申请强制执行。

总之，在涉及社会保险类案件的查处中，劳动行政部门与社会保险经办机构或征收机构既有职责上的分工，又有业务上的交叉。双方既要履行好各自的职责，不能越俎代庖，又要密切配合，积极衔接，才能依法对社会保险领域的违法行为进行有效处置，保护好当事人的合法权益。

第三篇：社会保险行政审判疑难法律问题

《社会保险法》出台之前的社会保险制度，是以《中华人民共和国劳动法》(以下简称《劳动法》)中关于社会保险的规定作为直接法律层面的依据，各项具体制度包括社会保险登记、社会保险征缴、社会保险待遇核定、社会保险金的领取等，则依据不同层级的规定建立。1999年1月14日国务院第259号令发布《社会保险费征缴暂行条例》(以下简称《条例》)，从行政管理的角度对社会保险制度作出规定，即明确行政管理的主体及其具体职权，规定社会保险经办机构，缴纳义务主体及其办理社会保险登记、缴纳社会保险的具体方式，并赋予行政管理主体在缴纳义务主体违反规定时的处罚权。《条例》公布后，现行社会保险制度已具备基本框架。在此框架之内，社会保险涉及的养老、医疗、工伤、失业、生育等五个险种具体的缴纳方式、待遇核定以及社会保险基金的管理、档案管理等，均由单行的法规、规章及规范性文件作出规定。此外，为加强和规范社会保险登记管理，1999年3月19日，原劳动和社会保障部以第1号令的形式发布《社会保险登记管理暂行条例》，对社会保险登记作出细化规定。因社会保险缴纳过程中，涉及大量社会保险费缴纳情况和涉及保险待遇领域情况的核查等专业性较强的问题，原劳动和社会保障部于 2003 年 2 月 27 日以第 16 号令的形式发布《社会保险稽核办法》（以下简称《稽核办法》），创设社会保险稽核制度。

《社会保险法》颁布实施之后，对社会保险制度的规范化、法制化起到了积极作用。但因《社会保险法》在颁布实施的同时，未对上述相关法规、规章的效力予以废止，也即《社会保险法》仅是对原社会保险制度从法律层面上予以确认，原社会保险制度存在的大量疑难问题仍未获得解决。同时，其在原有制度基础上创设的制度，在实际执行过程中亦引发了一定的问题。本文通过对本院社会保险类案件审理过程中发现的疑难问题进行梳理，分析问题成因并提出修改意见，以理顺社会保险类案件的审理思路，并希望借此促进社会保险执法活动的规范及社会保险相关制度的完善。

一、各类型案件的基本情况

（一）工伤认定类案件

工伤认定类案件是受理最多的案件类型。此类案件因不服被告社会保险行政部门作出的工伤认决定引起，原告诉至法院要求撤销被告作出的认定工伤决定或不予认定工伤决定，核心的法律依据为2003年公布并经2010年修订的《工伤保险条例》。《社会保险法》第四章对工伤保险亦进行了规定，其内容主要是对《工伤保险条例》中的核心内容的再确认，未作出变动。

（二）社会保险稽核类案件

此类案件约占全部社会保险相关案件的10%。此类案件因不服社会保险经办机构作出的社会保险稽核结果引起，原告诉至法院要求撤销被告作出的社会保险稽核告知书或整改意见书，核心的法律依据为《稽核办法》，具体到北京市还包括京劳社保发（2004）87号《北京市社会保险稽核实施细则（试行）》及京劳社保发［2006］48号《北京市劳动保障局关于贯彻执行〈社会保险稽核办法〉的几个具体问题的补充通知》

等规定。如上文所述，社保稽核是由《社会保险稽核办法》创设的一项社会保险保障制度，其目的在于确保社会保险费应收尽收，维护参保人员的合法权益。该办法依据《条例》制定，但《条例》对社会保险稽核并未直接作出规定，能够作为直接依据的是《条例》的第二十条，该条规定“社会保险经办机构受劳动保障行政部门的委托，可以进行与社会保险费征缴有关的检查、调查工作”。《社会保险法》第六十三条赋予社会保险费征收机构查询用人单位存款账户、申请划拨、要求提供担保，乃至申请人民法院扣押、查封、拍卖等权力，执法实践中，上述权力的行使均是在社会保险稽核过程中启动、进行，故社会保险稽核工作的重要性较《社会保险法》实施之前更为凸显。

（三）社会保险待遇核准类案件

近三年共受理20件，占全部社会保险相关案件的25%。社会保险待遇核准是社会保险经办机构依据养老、工伤、医疗等保险方面的相关规定，核定劳动者社会保险待遇，原告诉至法院主要对核准待遇不服，要求重新核准。其中，主要是养老保险待遇的核准，共17件，占全部案件的85%。养老保险待遇核准包括退休审批和养老保险待遇核定两方面，但均体现为被告作出的《养老保险待遇核准表》。退休审批系对符合退休条件的职工予以核准退休并同时对其养老保险待遇进行核定，对不符合退休条件的不予核准的行为，原告诉至法院也即存在对准予或不准予退休不予认可，或对养老保险待遇不予认可两种情形，但一般情况下，原告主要是因对养老保险待遇不满提起诉讼，单独以不服核准退休行为提起的诉讼，较为少见，上述 17 件案中仅由 2 件属此类案件，故本文不再将此类案件单独作为一类案件列举。

关于退休审批类案件，《社会保险法》实施之前，退休审批的主要依据包括 1978 年国务院颁布实施的《关于工人退休、退职的暂行办法》、劳社部发（1999）8 号《劳动和社会保障部关于制止和纠正违反国家规定办理企业职工提前退休有关问题的通知》，但因上述规定适用的范围、情形具有较强的时代特点，虽仍然是有效的规定，但司法实践中已经很少涉及。具体到北京市，退休审批行为主要的依据为 2007 年 1 月 1 日起施行的《北京市基本养老保险规定》作出（2007 年 1 月 1 日前的依据为 1998 年 4 月 6 日发布的《北京市企业城镇劳动者养老保险规定》，该规定在《北京市基本养老保险规定》实施时被同时宣布废止)。《社会保险法》实施后，在第二章对基本养老保险作出了明确规定。

关于社会保险待遇的核定，主要涉诉的领域包括养老保险待遇核定、工伤保险待遇核定和医疗保险待遇核定等。在《社会保险法》实施之前，依据《条例》第三条第五款的规定，社会保险费的费基、费率依照有关法律、行政法规和国务院的规定执行。1999年1月22日，国务院发布《失业保险条例》(国务院令第258号)，对失业保险的缴费基数(费基)、缴费比例(费率)作出规定。2003年4月27日，国务院发布《工伤保险条例》(国务院令第375号)，第八条第二款规定，国家根据不同行业的工伤风险程度确定行业的差别费率，并根据工伤保险费使用、工伤发生率等情况在每个行业内确定若干费率档次。行业差别费率及行业内费率档次由国务院社会保险行政部门制定，报国务院批准后公布施行。2003年10月29日，《劳动和社会保障部、财政部、卫生部、国家安全生产监督管理局关于工伤保险费率问题的通知》[劳社部发(2003)29号]对各行业费率进行了细化规定。关于医疗保险和养老保险相应的费基、费率问题，随着社会保险制度的发展，两险种缴费的人员、比例等均不断发生变化，现行费基、费率的依据分别为1998年12月14日，国发（1998）44号《国务院关于建立城镇职工基本医疗保险制度的规定》和2005年12月3日，国发（2005）38号《国务院关于完善企业职工基本养老保险的决定》。

二、社会保险法方面的疑难问题

（一）立法方面的问题

1.法律规定众多、繁杂，已达到一般公众难以准确理解相关制度的程度。仅《社会保险法》实施后现行有效的规定，国务院相关规定15部，社保部规章及规范性文件合计50部，具体到北京市的地方性法规、规章及规范性文件，其数量更为巨大。如北京市养老保险保险方面的规定，经粗略统计，现行有效的文件即有200余项。因我国社会保险制度于近几年才逐步建立、健全，发展过程中自下至上的立法方式亦符合我国法律制定的一般规律，但在《社会保险法》已制定出台之后，仍有数量如此巨大且现行有效的规定的存在，实不利于《社会保险法》的有效实施，更不利于对一般公众合法权益的保护。

2. 社会保险稽核制度缺乏直接上位法依据。如上文分析，《社会保险法》实施后，社会保险稽核制度的重要性日益突显，但其直接依据仅为规章层级，而该规章制定的上位法中并未直接赋予社会保险经办机构享有社会保险稽核的权力。上述情况与稽核过程中，社会保险经办机构对用人单位财产权利享有的查询、申请划扣与申请强制执行的权力不相适应。

（二）执法方面的问题

1. 各执法主体之间的职权划分问题。《社会保险法》和《条例》对社会保险行政机关、社会保险征收机构和社会保险经办机构三者各自的职权均作了明确的规定，但在对社会保险义务主体违法行为的查处方面尚存在需要进一步完善和明确之处。《社会保险法》第八十四条规定，用人单位不办理社会保险登记的，由社会保险行政部门责令限期改正。第八十六条规定，用人单位未按时足额缴纳社会保险费的，由社会保险费征收机构责令限期缴纳或补足。逾期仍不缴纳的，由有关行政部门作出处罚。具体到北京市，在实际执法过程中，社会保险行政部门与社会保险经办机构依据上述规定，以是否办理了社会保险登记作为划分标准，即如果用人单位已经办理了社会保险登记，其存在社会保险方面的违法行为，则由社会保险经办机构进行调查处理，如未进行社会保险登记，则由社会保险行政部门进行调查处理。基于上述划分，大量案件被转移到社会保险经办机构处理，但基于该机构性质上属事业单位，法律法规并未授予其直接处罚权，导致其在执法过程中对用人单位的查处手段无力、强制手段缺失，很难充分保障劳动者的合法权益。

2. 执法程序空转问题。在认定用人单位是否按照规定缴纳社会保险时，需要用人单位提交相应的材料，以对劳动关系、实际工资等事实进行认定，在用人单位拒绝提供相应材料时，社会保险行政部门有权依据《劳动保障监察条例》第三十条规定，责令用人单位提交相关材料，不按照规定责改的，可以作出处罚。《社会保险稽核办法》第十一条规定，社会保险经办机构发现被稽核对象少报、瞒报缴费基数和缴费人数，应责令其改正；拒不改正的，应报请劳动保障行政部门依法处罚。劳动保证行政部门亦需依据上述第三十条的规定，对用人单位作出处罚。但，处罚后用人单位仍不改正的，是否可以再次责令其改正，并再次作出处罚？在实际执法中，因社会保险缴纳涉及劳动者的切身利益，劳动者在举报到社会保险相关部门后，其追求的结果并不是对用人单位的处罚，而是社会保险的补缴。故即便社会保险部门作出了处罚，纠纷仍未解决，社会保险部门的职责也未充分实现。因上述处罚是以责令改正为前提，当上一处罚作出后，社会保险行政机关可再次向用人单位下发新的责改通知，并在用人单位再次不责改时，再次予以处罚。因用人单位是对新的责改通知的责改不改，属于新的违法行为，行政机关所作处罚并不违背一事不再罚的原则，但根本问题确无法获得解决，也即陷入执法程序的空转。

3. 劳动保障监察与社会保险稽核的衔接问题。《社会保险稽核办法》赋予社会保险经办机构对社会保险费缴纳情况进行核查的职权，并规定对发现的违法行为应报请社会保险行政机关依法处罚，上述办法对稽核的时间范围并未作出规定，即只要劳动者认为用人单位存在欠缴行为，就可向社会保险经办机构举报要求稽核，并不存在已经超过有效期限的问题。但《劳动保障监察条例》第二十条规定，违反劳动保障法律、法规或者规章的行为在 2 年内未被劳动保障行政部门发现，也未被举报、投诉的，劳动保障行政部门不再查处。在两部门相互衔接的过程中，也即存在了时效上不相匹配的问题，即便稽核过程中发现了违法行为，因时效劳动保障行政部门也无法继续作出处罚。同时，劳动者举报到社会保险经办机构要求稽核，而在稽核过程中超过了2年的期限，社会保险行政机关是否可以适用2年的期限不予处罚？

4. 社会保险经办机构申请强制执行的问题。依据《社会保险法》第六十三条的规定，在社会保险行政部门作出划拨决定后，如用人单位账户余额少于应当缴纳的社会保险的且不提供担保的，社会保险征收机构可申请人民法院扣押、查封、拍卖其价值相当于应当缴纳社会保险费的财产，以拍卖所得抵缴社会保险费。该条规定赋予社会保险征收机构以较大的处分权，而在实际操作过程中因缺少细化规定，社会保险征收机构申请执行时存在申请材料提交不全、执法程序尚未完结等问题。

（三）司法审查中遇到的问题

1. 举证责任分配制度的缺失。举证责任分配一般采取谁主张谁举证的原则，即当事人应对自己所主张的事实承担举证责任，但在某些特殊领域也存在采取举证责任倒置的方式。如行政诉讼法中规定，由行政机关承担证明其行为合法的举证责任；再如劳动争议领域，与争议事项有关的证据属于用人单位掌握管理的，用人单位不提供的，应当承担不利后果。上述领域所作的特殊规定，主要基于诉讼活动中原被告双方地位的不对等性，单方面强调谁主张谁举证会严重损害诉讼活动的公平性。在社会保险领域，涉及的矛盾纠纷主要发生于用人单位与职工之间，两者之间的地位也同样存在天然的不对等性，故对特定事项举证责任作出区别性规定是有其必要性的。

现阶段，在社会保险领域，仅《工伤保险条例》对举证责任作出明确规定。《工伤保险条例》第十九条第二款规定，职工或者其近亲属认为是工伤，用人单位不认为是工伤的，由用人单位承担举证责任。该条规定，对充分保障劳动者的合法权益，解决工伤认定纠纷发挥了较为积极的作用，但在社会保险的其他领域，相关法律并未作出类似规定，这在一定程度上导致大量因社会保险引发的纠纷无法解决。如何 × 诉某区社保中心社保稽核案件中，何 × 被用人单位派遣至另一企业工作，在整个过程中均由另一企业为其发放工资，用人单位不掌握其工资发放实际情况。后，因被派遣单位被另一家公司吸收合并，何 × 回到原单位。因上述期间，单位未为其缴纳社会保险，何 × 投诉至被告处要求补缴，但客观上用人单位无法得知何 × 的实际工资发放情况，而何 × 虽能提供部门月份的工资收入凭证，但因不符合社会保险稽核过程中的标准，被告无法为其办理补缴。本案中，职工提交了初步证据能够证明部分月份工资收入的情况下，如企业不提供相反证据甚至拒绝提供相关证据，因缺乏充分依据，社会保险经办机构无法以职工的主张确定工资收入，也即无法核定用人单位应当补缴的数额。

2. 社会保险部门是否有职权直接认定工资数额的问题。案件审理过程中，经常遇到关于社会保险缴纳基数的核定问题。该问题实质上是劳动者工资的核定问题，应属劳动争议的范畴。但，在遇到争议的时候，是否必须由法院或仲裁机构才能确认劳动者的实际工资？社会保险机构是否有职权直接作出认定？如在赵 × 诉谋区社会保险稽核案件中，因已经超过了劳动争议案件的受理期限，原告的工资已无法通过劳动仲裁诉讼获得确定，在要求补缴社会保险过程中，被告即面临了难以解决的问题，虽能够明确用人单位应当为其补缴社会保险，但因工资收入处于不能确定的状态，被告缺乏进行补缴的事实依据。

三、疑难问题的分析及建议

（一）清理社会保险相关规定个之间的关系，及时废止已与《社会保险法》相冲突的下位法

《社会保险法》实施后，我国社会保险制度从上至下已经有了较为清晰的脉络，但是因各种历史原因，大量的下位法仍然存在，不仅不利于《社会保险法》的有效实施，更使一般公众难以真实理解现行的社会保险制度，更为部门执法机关仅依据具体规定执法提供了可能，致使《社会保险法》虽已公布，但并未落到实处。及时清理不同规定之间的关系，明令废止与上位法存在冲突的规定，能够确保一般公众对社会保险相关制度的正确理解，从根源上减少行政争议的产生。

（二）明确界定各相关部门的关系，解决执法过程中纠纷难以根本解决的问题

1. 明确各相关部门之间的关系。《社会保险法》《社会保险法》第七条第二款规定，县级以上地方人民

政府社会保险行政部门负责本行政区域的社会保险管理工作，县级以上地方人民政府其他有关部门在各自的职责范围内负责有关的社会保险工作。上述规定虽明确规定社会保险行政部门负责本行政区域的社会保险工作，但在实际执法过程中，一旦出现疑难问题，因未确定主要负责的机关，各部门会出现相互推诿的情况。同时，在司法审查过程中，如遇到因社会保险经办机构前期工作存在问题，导致社会保险行政部门所作处理或处罚存在问题，其责任归咎也是行政机关较为重视的问题之一。故，在社会保险领域，通过明文确定社会保险部门之于其他部门的管理关系，具有明确法律依据，且有其必要性。

2. 具体问题具体分析，解决程序空转问题。《社会保险法》第六十二条规定，用人单位未按规定申报应当缴纳的社会保险费数额的，按照该单位上月缴纳额的百分之一百一十确定应当缴纳的数额；缴费单位补办申报手续后，由社会保险征收机构按规定结算。《条例》第十条亦规定，缴费单位不按规定申报应缴纳的社会保险费数额的，由社会保险经办机构暂按该单位上月缴费数额的 110% 确定应缴数额；没有上月缴费数额的，由社会保险经办机构暂按该单位的经营状况、职工人数等有关情况确定应缴数额。缴费单位补办申报手续并按核定数额缴纳社会保险费后，由社会保险经办机构按照规定结算。依据上述规定，如经查确实存在用人单位未按规定申报社会保险而又拒不提交相关材料的，可依据《社会保险法》及《条例》110% 的规定，先予划扣。而该情形的适用，是以能够认定应申报而未申报为前提条件，无法认定应申报而未申报的情形（劳动关系无法认定但用人单位拒绝提供材料而劳动者又无充分证据的）则首先需要解决劳动关系的问题，应告知劳动者提起仲裁或诉讼，而虽已申报但申报的基数存在争议的情况，因用人单位存在拒不提供相关材料的情形，应认定用人单位举证不能而采纳劳动者的主张。

3. 妥善解决各部门之间的衔接问题。对于稽核期限的问题，因《社会保险稽核办法》未对期限作出规定，且从保护劳动者的角度出发，因我国社会保险制度是在不断发展完善中建立起来，公众对于社会保险的重视程度亦伴随着上述发展存在不断提高的过程，故《社会保险稽核办法》对期限未作出规定，有其合理和积极的一面，但在《劳动保障监察条例》已经作出明确的 2 年的规定的情况下，在超过 2 年期限后，社会保险行政部门是不能再作出处罚的。但，如果是在稽核过程中超过2年的期限，因劳动者并未在期限届满前消极不主张其权利，而是已经到社会保险相关部门进行了举报，故社会保险行政机关如以在稽核过程中超过期限为由不予处罚，显然缺乏合理性，亦不符合社会保险法保护劳动者合法权益的立法本意。

4. 依法申请强制执行，切实保障劳动者的合法权益。依据《行政强制法》五十五条的规定，行政机关向人民法院申请强制执行，应当提供下列材料：（一）强制执行申请书；（二）行政决定书及作出决定的事实、理由和依据；（三）当事人的意见及行政机关催告情况；（四）申请强制执行标的情况；（五）法律、行政法规规定的其他材料。依据上述规定，社会保险征收机构在申请强制执行前，需向相对人（即用人单位）作出查封、扣押、拍卖的决定书，履行送达程序及履行催告程序，之后向法院提交法定申请材料。关于法院内部由何机关进行审查的问题，依据《最高人民法院关于执行〈中华人民共和国行政诉讼法〉若干问题的解释》第六条规定，各级人民法院行政审判庭审理行政案件和审查行政机关申请执行其具体行政行为的案件。此类案件系社会保险经办机构申请执行其作出的强制措施的决定，故应遵循行政诉讼非诉执行案件的审查程序，在行政审判庭认为社会保险经办机构所作决定符合执行条件后，作出准予执行裁定并移转执行庭执行，审查方式也应遵循非诉执行案件书面审查的相关规定。

（三）统一认识，确保全市裁判尺度的统一

1. 统一关于用人单位承担主要举证责任的认识。《中华人民共和国劳动争议调解仲裁法》第二条第（五）项的规定，因劳动报酬发生的争议适用本法；第六条规定，与争议事项有关的证据属于用人单位掌握管理的，用人单位应当提供；用人单位不提供的，应当承担不利后果。社会保险缴费基数的核定问题，其本质上是劳动者劳动报酬的确认问题，而对于实际工资收入，用人单位掌握的应更为详细，故存在争议时应主要由用人单位承担举证责任，在举证不能的情况下，应承担不利后果，社会保险经办机构可依据劳动者提供的证据，认定其实际工资收入。

2. 认可社保经办机构直接认定工资的权力。《社会保险法》第六十一条规定，社会保险费征收机构应当依法按时足额征收社会保险费；第六十三条规定，用人单位未按时足额缴纳社会保险费的，由社会保险费征收机构责令其限期缴纳或者补足；第八十六条规定，用人单位未按时足额缴纳社会保险费的，由社会保险费征收机构责令限期缴纳或者补足。《条例》第十条规定，缴费单位必须按月向社会保险经办机构申报应缴纳的社会保险费数额，经社会保险经办机构核定后，在规定的期限内缴纳社会保险费；第十三条缴费单位未按规定缴纳和代扣代缴社会保险费的，由劳动保障行政部门或者税务机关责令限期缴纳；第二十三条，缴费单位未按照规定申报应缴纳的社会保险费数额的，由劳动保障行政部门责令限期改正。《社会保险稽核办法》第五条规定，社会保险经办机构具有要求被稽核单位提供工资收入情况等与缴纳社会保险有关的情况和资料；第九条规定，社会保险缴费情况稽核内容包括缴费单位和缴费个人申报的社会保险缴费基数是否符合国家规定。综合上述规定，法律、法规和规章均在不同条款中赋予社会保险行政部门、经办机构和征收机构，核定用人单位缴纳社会保险的情况是否符合国家规定的职权，其核定内容包括缴费人数、缴费基数等内容，而缴费基数是由劳动者实际工资收入确定，如果社会保险部门无职权依据用人单位、劳动者提供的证据认定劳动者的实际工资收入，那么在行使上述职权过程中，每遇到缴费基数问题就需要先进入仲裁或者诉讼程序，对实际工资收入作出确定后，再继续核定用人单位的申报缴纳情况是否符合国家规定，该处理方式不仅不合理，亦不具有可行性。故，社会保险法律法规已经将直接认定劳动者实际工资收入的职权赋予了社会保险部门，在实际工资收入存在争议的情况下，社会保险部门可以直接作出认定，但需要指出的是，该认定不应排除劳动者和用人单位就实际工资收入提起仲裁或诉讼的权利。

四、结语

《社会保险法》将现行社会保险制度纳入统一的法律框架，从法律的层面上对现行制度予以确认，对我国社会保险制度的发展起到了积极促进作用。但从整体上讲，《社会保险法》作为上位法，其本身规定的概括性决定了其对实际执法活动指导的有限性。故现阶段社会保险领域，在《社会保险法》实施之后，仍保持原法律法规的效力的处理方式有其合理性和必要性。通过本文分析，能够看到《社会保险法》对解决原社会保险制度中存在的一系列问题，起到了积极作用，但许多问题还需要要立法、执法和司法三方面共同合力，才能获取妥善解决。

（执笔人　李洋）

规范性文件

1. 北京市法院执行局局长座谈会（第七次会议）记要——关于公证债权文书执行与不予执行若干问题的意见

编者按：为进一步解决公证债权文书的执行与不予执行中存在的疑难问题，北京市法院执行局专门召开全市执行局长座谈会（第七次会议）进行研讨。与会同志通过认真讨论，就公证债权文书执行与不予执行的若干问题取得了基本共识，形成了《北京市法院执行局局长座谈会（第七次会议）纪要——关于公证债权文书执行与不予执行若干问题的意见》。

为进一步解决公证债权文书执行与不予执行中的疑难问题，统一司法尺度，规范办理程序，切实维护当事人的合法权益，北京市法院执行局局长座谈会于近日召开了第七次会议。与会同志通过认真讨论，就公证债权文书执行与不予执行的若干问题取得了基本共识。现纪要如下：

一、公证债权文书执行案件受理后的相关处理

1. 公证机构依法赋予强制执行效力的债权文书，由被执行人住所地或被执行的财产所在地人民法院执行。

前款案件的级别管辖，参照民事诉讼一审案件级别管辖的规定确定。

2. 当事人申请执行公证债权文书的，应当一并提交公证书和执行证书。当事人仅提交公证书或执行证书，已经受理的，通知其限期补齐，无正当理由逾期未补齐的，执行实施部门裁定驳回执行申请，并在裁定中载明当事人在裁定送达之日起十五日内可以依照《中华人民共和国民事诉讼法》第二百二十五条的规定提出异议。当事人逾期未提出异议的，该裁定发生法律效力。当事人提出异议的，由执行裁判部门进行审理。异议理由成立的，裁定异议成立并撤销驳回执行申请的裁定；异议理由不成立的，裁定驳回异议。当事人不服异议裁定的，可以向上一级人民法院申请复议。

3. 有下列情形之一的，对公证债权文书的执行申

请已经受理的，执行实施部门裁定驳回执行申请：

（1）公证书或执行证书没有给付内容的；

（2）公证书或执行证书确定的给付内容不明确、不具体的；

（3）公证书未载明对债权文书赋予强制执行效力的。

前款中的裁定应当载明当事人在裁定送达之日起十五日内可以依照《中华人民共和国民事诉讼法》第二百二十五条的规定提出异议。当事人逾期未提出异议的，该裁定发生法律效力。当事人提出异议的，由执行裁判部门进行审理。异议理由成立的，裁定异议成立并撤销驳回执行申请的裁定；异议理由不成立的，裁定驳回异议。当事人不服异议裁定的，可以向上一级人民法院申请复议。

执行证书载明由债务人给付“律师费”“实现债权的必要费用”等，但未明确其金额或计算方式等内容的，属于给付内容不明确、不具体，对该部分的执行申请不纳入执行范围。

4. 申请执行时效期间自执行证书出具之日起计算。

执行实施部门不依职权对债权人申请执行是否超

过申请执行时效期间进行审查。债务人以申请执行超过申请执行时效期间为由提出异议的，由执行裁判部门进行审理。异议理由成立的，裁定异议成立并驳回执行申请；异议理由不成立的，裁定驳回异议。当事人不服异议裁定的，可以依照《中华人民共和国民事诉讼法》第二百二十五条的规定，向上一级人民法院申请复议。

5. 公证债权文书对主债务和担保债务同时赋予强制执行效力的，人民法院应当予以执行；仅对主债务赋予强制执行效力未涉及担保债务的，对担保债务的执行申请不纳入执行范围；仅对担保债务赋予强制执行效力未涉及主债务的，对担保债务的执行申请予以执行，对主债务的执行申请不纳入执行范围。

二、公证债权文书的执行

6. 对于公证机构依法赋予强制执行效力的债权文书，依照《中华人民共和国民事诉讼法》“执行程序编”等法律及相关司法解释的规定予以执行。

7. 给付内容为金钱债权的公证书或执行证书载明可供执行财产的，既可以执行该财产，也可以执行债务人的其他财产，公证书或执行证书明确清偿债务以其载明的可供执行财产为限的除外。

债权有担保的，按照《中华人民共和国物权法》第一百七十六条的规定处理。

8. 公证债权文书的执行过程中，可以依法追加、变更执行当事人。

9. 公证债权文书的执行申请受理后，债务人主动履行了全部或者部分义务，又以不知道申请执行时效期间届满为由请求返还已给付的款物的，不予支持；经法院强制执行并已将款物发还债权人，债务人以不知道申请执行时效期间届满为由请求返还已发还的款物的，不予支持。

三、公证债权文书的不予执行

10. 当事人在执行程序终结后提出不予执行公证债权文书申请的，不予支持。

前款中的执行程序终结包括被执行人自动履行完毕、人民法院强制执行完毕、当事人达成执行和解协议并履行完毕等实体性结案，不包括终结本次执行程序、委托执行、指定执行、提级执行等程序性结案。

公证债权文书被委托执行、指定执行、提级执行后，当事人提出不予执行申请的，由提出申请时负责该案件执行的人民法院审理。

11. 当事人以公证债权文书存在《最高人民法院关于适用〈中华人民共和国民事诉讼法〉的解释》第四百八十条第一款、第二款规定的情形为由申请不予执行的，由执行法院的执行裁判部门进行审理。执行法院经审理裁定驳回不予执行公证债权文书的申请，当事人不服的，可以自收到裁定之日起十日内向上一级人民法院申请复议。

12. 公证机构赋予强制执行效力的债权文书包括以下范围：

（1）借款合同、借用合同、无财产担保的租赁合同；

（2）赊欠货物的债权文书；

（3）各种借据、欠单；

（4）还款（物）协议；

（5）以给付赡养费、扶养费、抚育费、学费、赔（补）偿金为内容的协议；

（6）符合赋予强制执行效力条件的其他债权文书。

没有给付内容的公证书、没有给付内容的执行证书、未载明一般保证人补充清偿责任数额的执行证书、载明债权人和债务人互负给付义务的执行证书，属于《最高人民法院关于适用〈中华人民共和国民事诉讼法〉的解释》第四百八十条第一款第（一）项规定的“不得赋予强制执行效力的债权文书”。

13. 有下列情形之一的，可以认定为《最高人民法院关于适用〈中华人民共和国民事诉讼法〉的解释》第四百八十条第一款第（二）项规定的“严重违反法律规定的公证程序”：

（1）申请办理公证时被执行人一方未亲自且未委托代理人到场的；

（2）公证机构签发执行证书前未按照法律、司法解释、部门规章规定的程序或当事人约定的方式对债权债务履行情况进行核实的；

（3）未经双方当事人同意，执行证书载明的给付标的种类、品质与公证书载明的给付标的种类、品质不同的；

（4）其他严重违反法律规定的公证程序的情形。

14. 有下列情形之一的，可以认定为《最高人民法院关于适用〈中华人民共和国民事诉讼法〉的解释》

第四百八十条第一款第（三）项规定的“公证债权文书的内容与事实不符”：

（1）执行证书载明债权人已经履行合同义务或者债务人未履行或未完全履行义务但与实际履行情况不符的；

（2）债权人与债务人就同一事项订立两份不同内容的债权文书，其中一份经过公证且赋予强制执行效力的；

（3）经公证的债权文书以合法形式掩盖非法目的；

（4）经公证的债权文书不是双方当事人的真实意思表示的；

（5）债权人或债务人在公证时对债权文书载明的有关给付内容未予同意但公证机构作出公证书和执行证书的；

（6）公证债权文书的内容与事实不符的其他情形。

15. 对于因民间借贷形成的公证债权文书，执行实施部门参照《最高人民法院关于审理民间借贷案件适用法律若干问题的规定》第二十六条的规定，对借款本金及年利率 24% 以内的利息部分予以执行，对超过年利率24%的利息部分不纳入执行范围。债权人对此提出异议的，执行裁判部门按照《中华人民共和国民事诉讼法》第二百二十五条的规定进行审理。

债务人依据《最高人民法院关于审理民间借贷案件适用法律若干问题的规定》第二十六条的规定，以约定的借款年利率超过24%为由申请不予执行的，执行裁判部门经审理，对年利率超过24%的利息部分裁定不予执行。

对于应当执行的借款本金、本息之和以及逾期利息、违约金或者其他费用，分别参照《最高人民法院关于审理民间借贷案件适用法律若干问题的规定》第二十七条、第二十八条、第三十条的规定予以认定。

关于前三款在执行中的适用问题，参照《最高人民法院关于认真学习贯彻适用〈最高人民法院关于审理民间借贷案件适用法律若干问题的规定〉的通知》的相关规定办理。

16. 债务人以经公证的债权文书未载明债务人不履行义务或不完全履行义务时债务人愿意接受依法强制执行的承诺为由，申请不予执行，经审理查明属实的，裁定不予执行。

经公证的债权文书有多个债务人，其中部分债务人以其未作出愿意接受依法强制执行的承诺为由申请不予执行，经审理查明属实的，对债权文书中涉及该债务人的部分裁定不予执行。应当不予执行的部分与其他部分不可分的，裁定不予执行整个公证债权文书。

17. 经公证的债权文书违反限购政策的，属于《最高人民法院关于适用〈中华人民共和国民事诉讼法〉的解释》第四百八十条第二款规定的“公证债权文书违背社会公共利益”。

18. 公证事项的利害关系人认为“公证债权文书的内容与事实不符”且损害其合法权益的，利害关系人可以向执行法院提出不予执行申请，执行法院受理后立“执异字号”案件进行审理。执行裁判部门经审理查明属实的，裁定对公证债权文书不予执行；当事人不服的，可以向上一级人民法院申请复议。经审理查明不属实的，裁定驳回不予执行申请；当事人不服的，可以向上一级人民法院申请复议。

19. 执行法院的执行实施部门发现公证债权文书存在《最高人民法院关于适用〈中华人民共和国民事诉讼法〉的解释》第四百八十条第一款规定的情形且损害国家、集体利益，或者存在《最高人民法院关于适用〈中华人民共和国民事诉讼法〉的解释》第四百八十条第二款规定的情形的，依职权裁定不予执行，并在裁定中载明当事人可以自裁定送达之日起十日内向上一级人民法院申请复议。当事人逾期未申请复议的，该裁定发生法律效力。当事人申请复议，复议结果维持该裁定的，该裁定发生法律效力；复议结果撤销该裁定的，执行法院继续执行。

20. 公证债权文书的部分内容符合《最高人民法院关于适用〈中华人民共和国民事诉讼法〉的解释》第四百八十条第一款、第二款规定的情形的，裁定对该部分内容不予执行。应当不予执行的部分与其他部分不可分的，裁定不予执行整个公证债权文书。

当事人对部分不予执行裁定不服的，可以就该裁定向上一级人民法院申请复议。

21. 公证机构自行撤销公证债权文书的，终结对该公证债权文书的执行，终结对不予执行申请的审理。

公证机构自行更正或补正公证债权文书的，执行法院以更正或补正后的公证债权文书作为执行依据，继续执行或继续审理不予执行申请。

22. 本纪要自下发之日起执行。

23. 市高级法院以前制定的规范性文件与本纪要不一致的，以本纪要为准。本纪要下发后，市高级法院又制定新的规范性文件的，以新的规范性文件为准。法律法规、司法解释有新的规定的，按照其规定办理。

24. 本纪要由市高级法院执行局负责解释。